Los secretos de la reencarnación

Andrea Rognoni - Gianni Norta

LOS SECRETOS DE LA REENCARNACIÓN

A pesar de haber puesto el máximo cuidado en la redacción de esta obra, el autor o el editor no pueden en modo alguno responsabilizarse por las informaciones (fórmulas, recetas, técnicas, etc.) vertidas en el texto. Se aconseja, en el caso de problemas específicos —a menudo únicos— de cada lector en particular, que se consulte con una persona cualificada para obtener las informaciones más completas, más exactas y lo más actualizadas posible. EDITORIAL DE VECCHI, S. A. U.

A nuestras madres, escogidas por nosotros como fuentes de esta vida para avanzar al máximo por el camino de la salvación.

Traducción de Nieves Nueno Cobas.

© Editorial De Vecchi, S. A. 2018
© [2018] Confidential Concepts International Ltd., Ireland
Subsidiary company of Confidential Concepts Inc, USA
ISBN: 978-1-64461-063-3

El Código Penal vigente dispone: «Será castigado con la pena de prisión de seis meses a dos años o de multa de seis a veinticuatro meses quien, con ánimo de lucro y en perjuicio de tercero, reproduzca, plagie, distribuya o comunique públicamente, en todo o en parte, una obra literaria, artística o científica, o su transformación, interpretación o ejecución artística fijada en cualquier tipo de soporte o comunicada a través de cualquier medio, sin la autorización de los titulares de los correspondientes derechos de propiedad intelectual o de sus cesionarios. La misma pena se impondrá a quien intencionadamente importe, exporte o almacene ejemplares de dichas obras o producciones o ejecuciones sin la referida autorización». (Artículo 270)

Impreso bajo demanda gestionado por Bibliomanager

ÍNDICE

Introducción: creencias
    sobre la reencarnación. 11
Indicios prehistóricos 11
La reencarnación en las religiones antiguas 12
    Los misterios de Egipto 13
    Hermes Trimegisto 14
    El *Libro de los muertos* 14
    Osiris, Set y Horus 15
La reencarnación según los celtas
y los antiguos griegos 16
    Mitos y ritos de los druidas 16
    Los misterios de Orfeo. 17
    Las enseñanzas de Pitágoras
    y los platónicos 18
Reencarnación y cristianismo 20
El vedismo 21
    Principales dogmas 21
    La lucha contra la ignorancia. 22
    Como una tela de araña 23
El budismo. 24
    Los cuerpos de Buda y los signos
    de los renacimientos. 25
    La doctrina budista del karma 26
El lamaísmo tibetano 27
Creencias más recientes y esoterismo occidental 29

EL KARMA Y SUS LEYES 31
¿Quién o qué se reencarna? 31
 ¿Por qué regresar a la Tierra? 33
 Ineluctabilidad de la elección e hipótesis
  sobre otras elecciones 35
La ley de causa y efecto 37
 El problema de la impunidad en una sola vida . . . 38
 El reconocimiento de los propios errores 39
 El concepto de dharma como solución
  a nuestros problemas 40
¿Cómo nos reencarnamos? La ley de los cuerpos 41
 El envoltorio mental 41
 El envoltorio astral 42
 La entrada en el cuerpo físico
  y el envoltorio etéreo 42
 La función de la infancia y la adolescencia 43
 El adulto y la prisión corporal 43
 Carácter de los cuerpos durante la vida 44
 Función del cuerpo etéreo 44
 Función del cuerpo astral 45
 Función del cuerpo mental 45
El viaje después de la muerte 46
 Doble retorno al olvido 48

RESPUESTAS A LAS OBJECIONES
 MÁS COMUNES A LA DOCTRINA DEL KARMA 49
Reencarnación y evolución natural 49
 El problema de las pruebas a favor 51
Los aparentes absurdos biológicos y psicológicos 52
 La cuestión del «nuevo nacimiento» 53
 El cambio de sexo 53
 Genialidad y criminalidad no hereditarias 56
 El aparente contraste entre número de almas
  y aumento de población 58
 La verdadera identidad de nuestro inconsciente . . 61
El libre albedrío y la falta de compromiso 62
 ¡Y sin embargo, seguimos siendo libres! 62
 Presunta inmoralidad de la teoría del karma 63
 Función de la religión y de la legislación 64
Una última duda que resolver: ¿nos arriesgamos
 a revivir como animales? 65

SÍNTOMAS Y PRUEBAS DE LAS VIDAS PASADAS 67
Introducción al método. 67
    Las reminiscencias infantiles y adolescentes 69
    Los niños prodigio 71
    Malformaciones físicas de los recién nacidos 72
    Síntomas durante la adolescencia. 74
El fenómeno del *déjà vu* 76
    Geografía de las vidas 77
    Volver a ver una ciudad 78
    Volver a ver una casa, un castillo, una tumba 81
    El *déjà vu* de los símbolos. 84
Los sueños kármicos. 86
    El significado kármico de los símbolos oníricos. . . 89
    El karma en las pesadillas. 91
    El dharma en los grandes sueños 92
    Viajar a otra vida con el sueño astral 95
    Escuchar en sueños a las entidades elevadas. . . . 96
Los miedos irracionales. 97
Encuentros y reconocimientos kármicos 98
    Quiénes fueron los padres 99
    Quiénes fueron los compañeros de colegio
        y de trabajo 102
    Karma y amor: reconocimiento
        y necesidad de convivir. 104

LOS MÉTODOS NO ESPONTÁNEOS DE INDAGACIÓN
    SOBRE LAS OTRAS VIDAS Y LA HIPNOSIS REGRESIVA . . 107
Incubación y meditación 107
Los métodos de las ciencias esotéricas 109
Principales características de la astrología del karma . . 110
Las vías de la hipnosis. 112
    La autohipnosis de Cayce 113
    La hipnosis regresiva 114
    Los pioneros de la hipnosis regresiva. 115
    El fervor experimental después
        de la segunda guerra mundial. 117
    El caso «Bridey Murphy» 118
El auge de la hipnosis regresiva y la «Terapia R» 119
    Los casos recientes de R. Moody 120
    La regresión para entender el karma de grupo . . . 122
    Los expertos en Europa 124

LAS VERDADERAS CAUSAS DE LA ENFERMEDAD 125
Enfermedades del aparato digestivo 128
    Acetonemia, ardores y acidez de estómago. 128
    Colon irritable 129
    Disentería 129
    Estreñimiento 130
    Vómito 130
    Caries, gingivitis y piorrea 131
Enfermedades del sistema muscular y óseo 131
    Artritis reumatoide 131
Enfermedades genéticas 132
    Obesidad 132
Afecciones del aparato respiratorio 133
    Tos, dolor de garganta y resfriado 133
Enfermedades del aparato visual. 133
    Miopía y presbicia. 133
Enfermedades del sistema nervioso y neurovegetativo . . 134
    Anorexia 134
    Cefalea 134
    Meteoropatía 135
    Esquizofrenia. 135
    Ansiedad. 135
    Depresión 136
Enfermedades de la piel 136
    Celulitis, descamación e irritaciones 136
Enfermedades cardiacas 136
    Hipertensión e hipotensión. 136
Síntomas de enfermedades 137
    Fiebre. 137

CÓMO TRATAR LAS ENFERMEDADES MEDIANTE
    LAS TÉCNICAS DE BIOTERAPIA 139
La homeopatía 140
    Principales tipos psicológicos homeopáticos 141
    Tratamiento homeopático. 142
    Preparación de los productos homeopáticos 142
El campo bioenergético o aura 145
Karma yoga 148

ESPIRITISMO Y REENCARNACIÓN 149
Dos tradiciones que contrastan. 149

Sesiones excepcionales e instrucciones de maestros . . 151
Ejemplos de reconstrucciones del karma
a través del espiritismo 152
    Las revelaciones del conde Galateri 153
    Un caso claro de reencarnación colectiva 153
La comunicación con el espíritu guía
en busca del karma 155
¿Las psicofonías tienen que ver con la reencarnación? . . 157

Las vidas futuras y las «ultravidas» 159
Regreso al futuro 159
Los sueños premonitorios de vidas futuras 161
La hipnosis progresiva 162
    El futuro de Drouot 163
    Visiones del tercer milenio 163
    El caso «Scott-Xarva» 164
    La «Terapia P» 165
Las vidas futuras con la astrología del karma 166
Las «vidas más allá de las vidas»: los avatares 172
La función de ángeles y demonios en el ciclo
de las encarnaciones 174
La meta de nuestra evolución espiritual 176

Ejemplos de reencarnados según la astrología
    kármica 177
Juan Carlos de Borbón 177
Jacques Chirac 180
Bill Clinton 182
Mijaíl Gorbachev 183
Miguel Indurain 186
Alba Parietti 187

Bibliografía 191

INTRODUCCIÓN: CREENCIAS SOBRE LA REENCARNACIÓN

Indicios prehistóricos

Puede decirse que ya en la Antigüedad el fenómeno de la reencarnación se conocía en todo el mundo. Los más diversos pueblos tomaban en consideración, aunque de formas distintas, la hipótesis del viaje que lleva a cabo el alma de un cuerpo a otro, objeto efectivo de creencia o bien sólo de interés y asombro.

En cambio, es un error considerar que ya en la Edad de Piedra pudieron florecer ideas o creencias de este tipo. Ello se debe a que el género humano, incluso en la versión del *homo sapiens*, último fruto de la evolución, aún no era capaz de imaginar un viaje tan largo. Existía ya el culto de los muertos y se consideraba que el difunto podía sobrevivir a la vida terrenal; no obstante, el fatigoso régimen de vida, basado en la caza y la recolección, dejaba poco tiempo para reflexiones más profundas sobre el destino del alma.

Dicho esto, no deja de ser cierto que en algunos pueblos primitivos, como se observa aún hoy en ciertas tribus africanas, se abrían paso algunas intuiciones que más tarde ofrecerían bases interesantes para la doctrina de la reencarnación.

Dentro del animismo (fe primitiva que consideraba que existía un espíritu para cada animal o cosa) habían nacido unas convicciones particulares. Por ejemplo, se consideraba que en ciertos animales estaba presente el alma o soplo vital de algunos antepasados de la tribu o del clan. Aún no se daba una explicación espiritual o moral; todo ello era sólo objeto de una especie de percepción extrasensorial. Si una planta o una roca eran animados por espíritus superiores, ello dependía de la extraordinaria potencia de la naturaleza, potencia que adorar o propiciar más que comprender. Se trataba precisamente de ese comportamiento un poco mágico que los estudiosos de los pueblos primitivos han llamado «participación mística».

La prehistoria, en conjunto, no fue capaz de producir una doctrina religiosa verdaderamente consumada.

Sin embargo, animismo, idolatría y totemismo (adoración de los tótems, es decir, de los protectores animales o vegetales de las diversas tribus) habían dado lugar a una serie de símbolos y mitos que prepararon el terreno para las grandes religiones de la protohistoria (5000-2000 a. de C.) y de la Antigüedad.

Por ejemplo, el mito del renacimiento ya debía estar presente, aunque de forma muy fantástica y confusa. No obstante, la falta de testimonios escritos nos impide hacer valoraciones seguras.

La reencarnación en las religiones antiguas

La Antigüedad se caracteriza por la presencia de muchas religiones de tipo politeísta, es decir, dotadas de múltiples divinidades que eran adoradas de forma más o menos intensa. Cabe afirmar que, mientras que en las religiones orientales (Asia oriental) la creencia en la reencarnación asumió poco a poco el carácter de auténtico dogma, en las occidentales, a pesar de resultar presente y relevante, asumió unos tonos más matizados, menos contundentes, o bien la profesaron cultos secundarios, heréticos o poco dominantes.

Se podría pensar que en Occidente, desde la protohistoria, la doctrina de la reencarnación se ha considerado demasiado profunda y delicada para ser impartida de forma directa y transparente a las grandes masas de fieles.

Resulta muy significativo el conjunto de creencias que se desarrollaron en esa parte de la cuenca mediterránea —Egipto— que los historiadores consideran la cuna de la civilización.

Los misterios de Egipto

Así pues, hay que dirigir una primera mirada a los misterios de Egipto, que comprenden un tipo de enseñanza relativa al fenómeno de la supervivencia del alma.

Los egipcios creían en la «metempsicosis» o transmigración de las almas de un cuerpo a otro. No obstante, sólo los iniciados, es decir, aquellos que eran merecedores desde el punto de vista moral y cultural de conocer la verdad espiritual, podían acceder a los profundos secretos de las leyes supremas que regulan dicha transmigración.

Los «secretos de Isis» (máxima divinidad del antiguo Egipto) ya distinguían claramente entre el cuerpo material, *Khat*, el cuerpo intermedio entre materia y espíritu que los modernos llaman «astral» y en egipcio recibe el nombre de *Kha*, y, por último, el espíritu puro, o *Khou*.

Según los egipcios, el ser humano está compuesto de estas tres realidades, pero la verdadera esencia eterna que llena el universo (vegetales, animales y seres humanos) es aún otra realidad, llamada *Ba* (podríamos traducir este término con la palabra *alma*). Cuando el ser humano muere, la vida no termina sino que se retira a Ba. Ba puede volver a reencarnarse de tres formas:

a) reencarnación normal, que se produce sólo después de cierto periodo de tiempo;

b) reencarnación anormal, que se produce justo después de la muerte;

c) reencarnación mágica, que es llevada a cabo manteniendo a Kha y Khou dentro del cuerpo del difunto, a través de la técnica de la momificación, más compleja y delicada de lo que suele enseñarse en el colegio, precisamente porque se hace en función de la supervivencia.

En Egipto se consideraba que la reencarnación normal se producía incluso después de muchos cientos de años, porque la mayoría de las almas no ha cometido en vida unos actos tan graves que tengan que volver en seguida a la Tierra para ponerles remedio.

En cambio, tenía una notable importancia la reencarnación anormal para los malvados y, sobre todo, para los suicidas.

Por último, en lo que respecta a la reencarnación mágica, con la momificación se impedía la dispersión de las células de Khat (cuerpo material) y se retenía el cuerpo astral Kha, lo que permitía al difunto guiar la existencia de los vivos y actuar normalmente, como si nunca hubiese muerto.

Hermes Trimegisto

Las principales indicaciones sobre la reencarnación normal se encierran en las enseñanzas de Hermes Trimegisto, nombre legendario que sustituye el de anónimos pero sabios sacerdotes que compilaron la doctrina.

Hermes habla de traslados del alma por los cielos, con la consiguiente caída o recaída final en la Tierra. Sin duda, se trata de un lenguaje muy ambiguo, difícil de interpretar incluso en la versión que ha llegado hasta nosotros, en lengua griega. En el lenguaje común *hermético* es sinónimo de concepto difícil.

Es posible que Hermes no se refiriese a cielos reales, sino a cuerpos sutiles en los que el alma vive durante cierto periodo de tiempo. Sólo los iniciados podían conocer el verdadero significado de estas palabras, y, por otra parte, el conocimiento debía ser gradual y altamente seleccionado, porque aquellos que entraban en posesión de la verdad suprema podrían liberarse del cuerpo y del ciclo de las encarnaciones con mayor facilidad que la gran masa de las personas: ¡cada «milagro» tiene su precio!

El *Libro de los muertos*

Otro prestigioso punto de referencia para la espiritualidad del antiguo Egipto es el *Libro de los muertos*, cuyo título es muy significativo.

En él se daban unos consejos sobre la mejor forma de pasar del mundo terrenal a la dimensión ultraterrenal. Morir significa unir la propia alma a la gran alma universal, al menos durante el tiempo que se le ha concedido antes de una nueva encarnación. En este periodo de tiempo se concede el conocimiento de la divinidad, que también implica unión con ella.

Algunas almas pueden unirse definitivamente, otras se ven obligadas a encarnarse, ya no en un ser humano, sino en un animal; y otras pueden asumir incluso una nueva forma de vida, aún desconocida.

Osiris, Set y Horus

Antes hemos citado a Isis, la diosa egipcia que custodiaba los secretos de la vida y de la muerte. Isis tenía dos hermanos, que también desempeñaban una función importante para la reencarnación de las almas y el comportamiento en una determinada vida como consecuencia de elecciones anteriores.

Osiris reinaba sobre el Más Allá. Su muerte y resurrección, como cuenta el mito que enlaza con las intuiciones prehistóricas sobre el renacimiento, no simbolizan sólo la sucesión de las estaciones, sino que son un verdadero modelo del fenómeno que afecta a todas las almas: la reencarnación. Osiris viaja por el mundo y difunde la civilización precisamente para permitir a las almas encarnarse en personas de todas las razas cada vez más sabias y devotas.

Su hermano Set, asaltado por la envidia, lo mata; él representa las fuerzas del mal, las que obligan a los seres humanos a cometer acciones malvadas, sembrando desorden y violencia. Puede decirse que Set obliga a recibir nuevo mal a las almas que en otras vidas hicieron de todo, bajo su misma instigación, para perjudicar a los demás. ¿Nos hallamos ante una espiral sin fin? No, porque Osiris resucita y guía el camino de las encarnaciones hacia la salvación espiritual de cada uno de nosotros, ayudándonos a entender los errores cometidos por culpa de Set y dirigiéndonos poco a poco, vida tras vida, hacia elecciones y acciones cada vez mejores.

Es cierto que Set está siempre al acecho, pero finalmente el bien triunfará. En efecto, Horus, hijo de los hermanos-esposos Isis y Osiris, se convertirá en dios del Cielo derrotando definitivamente a Set. Horus lleva la luz final con su potencia e inteligencia. Simboliza el alma universal, que es restablecida después del ciclo de todas las reencarnaciones de las almas que se habían desprendido de ella, en busca de nuevas experiencias terrestres que le hagan madurar.

Hemos tratado así de explicar al lector la fe egipcia en la reencarnación, pero los misterios de Egipto nunca podrán ser desvelados por completo, salvo después de nuestra muerte.

La reencarnación según los celtas y los antiguos griegos

También en Europa se fueron difundiendo una serie de intuiciones y de primitivas creencias, que no conocemos en detalle porque nuestro continente tardó en producir unas civilizaciones como la egipcia o la asirio-babilonia.

De todas formas, dichas intuiciones y creencias concluyeron en unas doctrinas más seguras en torno al final del segundo milenio a. de C.

Los pueblos que se mostraron más interesados en la doctrina de la reencarnación fueron el celta y el helénico (antigua Grecia).

Mitos y ritos de los druidas

Los celtas ocupaban Europa central y occidental antes del ascenso de la potencia romana. Además de una óptima organización civil y militar, contaban con una clase social muy particular, los druidas, a los que consideraban unos sacerdotes dotados de extraordinarios conocimientos. Podían ser médicos, jueces o poetas, pero todos practicaban las artes vinculadas a la magia.

Su conocimiento más profundo se refería precisamente al comportamiento del alma después de la muerte física.

Según los druidas, que como sucedía en Egipto sólo confiaban sus secretos a personas debidamente iniciadas, el alma del ser humano no sólo es inmortal sino que, sobre la base de determinados privilegios, es capaz de entrar en nuevos cuerpos sin detenerse demasiado tiempo en el más allá. Taranis, dios de la Ultratumba, rige los plazos y las modalidades de la nueva encarnación.

Por otra parte, los parientes del difunto pueden propiciar con ritos particulares una vida siguiente más feliz que la que acaba de concluir.

También resulta interesante la creencia, atestiguada por relatos de la literatura celta, de que es posible de algún modo recordar la última vida de forma espontánea o mediante unas prácticas mágicas. Estos recuerdos afloraban, por ejemplo, gracias a las narraciones que las tribus celtas escuchaban cada noche en torno a una hoguera.

Los misterios de Orfeo

Desplacémonos a orillas del Mediterráneo. La península Helénica se caracterizó, ya desde la época protohistórica, por una notable autonomía de asentamientos humanos. Esta autonomía tuvo sus efectos sobre todo en los ámbitos cultural, filosófico y religioso. En Grecia florecieron así diversas versiones de la visión espiritual de la realidad, según las propias experiencias de cada uno de los centros culturales.

Un movimiento cultural que adquirió un tono de larvada polémica con la religión oficial y con aquellos centros que preferían permanecer vinculados a la filosofía naturalista y materialista (que puede resumirse con el lema «Sólo creo en lo que toco y en lo que veo») fue, sin duda, el orfismo.

En el siglo VI a. de C. comenzaron a moverse por Grecia central y meridional los «orfeotelestes» (cuyo nombre significa literalmente «iniciadores en los misterios de Orfeo»), una especie de predicadores que proponían llevar cierto régimen de vida para obtener el perdón de las culpas y llegar a la verdadera salvación espiritual. Oponiéndose a la religión oficial, que pedía hacer numerosos sacrificios de animales en honor a las diversas divinidades, no comían carne y evitaban entrar en contacto con los cadáveres. Esto se debía a que para ellos nuestra verdadera esencia no es la materia sino el espíritu, que debe alimentarse mucho más que el cuerpo, prisión sucia e impura. El alma es inmortal y para ella la muerte física representa una auténtica liberación. Si es apresada en un nuevo cuerpo estará obligada a hacerlo sólo por un proceso de purificación.

Los órficos se remitían claramente al mito de Orfeo y Eurídice: el poeta Orfeo no cesaba de volver al más allá en busca de su amada, hallándola y perdiéndola de nuevo.

Esta es la metáfora del camino de la reencarnación, en busca de una salvación que sólo se le da al ser humano gracias a continuas y fatigosas tentativas. Lo que se encuentra en la Tierra no basta para ser felices, ¡pero indica el buen camino hacia la salvación!

Las enseñanzas de Pitágoras y los platónicos

El filósofo Platón, que vivió en el siglo IV a. de C., se remitió a la tradición órfica al elaborar algunos pasajes importantes de su monumental obra filosófica.

Sin embargo, antes que él, en una tierra distinta de la griega pero colonizada por los propios griegos, había dicho cosas similares, y en ciertos aspectos aún más agudas, otro gran maestro: Pitágoras de Samos.

En la península que ahora recibe el nombre de Calabria, el maestro fundó una escuela que incluía entre sus principales materias el estudio de la transmigración de las almas. Él había alcanzado un grado de conocimiento excepcional gracias a los viajes realizados primero a Egipto (misterios de Isis), luego a Babilonia (misterios caldeos) y, por último, a la propia Grecia continental (misterios de Orfeo). Ningún aspecto de la realidad espiritual le era desconocido y sabía relacionar las verdades de la reencarnación con operaciones mágicas dentro de la vida actual, como la práctica de la «retrospección» (visión de los antiguos acontecimientos a través del estudio del cuerpo astral). Él mismo conocía perfectamente el número y las características de todas sus vidas anteriores.

Según las enseñanzas del maestro, el alma es prisionera del cuerpo porque debe pagar las culpas cometidas en las vidas pasadas. En el momento de la muerte se siente transportar a una dimensión completamente distinta de la terrestre, llena de luz, sólo si el comportamiento del encarnado ha sido moralmente correcto. De lo contrario, el ascenso hacia las esferas espirituales resulta mucho más fatigoso. En la peor de las situaciones, el alma se verá obligada a reencarnarse después de un breve tiempo de reposo espiritual en el cuerpo de un animal. Para evitar semejantes consecuencias negativas hay que seguir unas normas de vida ejemplar y purificadora.

La disciplina que permite hacerlo mejor es la *filosofía*, término griego que significa literalmente «amor por la sabiduría». Para Pitágoras la verdadera sabiduría parte del estudio de los números.

Platón, los platónicos, los neoplatónicos y los gnósticos difundieron entre mediados del primer milenio a. de C. y mediados del primer milenio d. de C. una especie de ideología filosófica que, pese a no tener como referencia directa la doctrina de la reencarnación, hacía frecuentes alusiones a la misma, que de algún modo favorecían su continuación en el tiempo.

Los estudiosos y movimientos citados contaban con la ventaja de expresarse en lengua griega, conocida en todo el mundo de entonces, como ocurre hoy con el inglés.

No es este el momento para extendernos en la ilustración de ideas que fueron indudablemente complejas y difíciles. Basta con decir que, según el denso grupo que se remite a las enseñanzas de Platón, que llega incluso a interpretar el cristianismo a la luz de cierto esoterismo, existe un alma o espíritu universal que el individuo aislado sólo consigue alcanzar después de una serie de encarnaciones que pueden durar incluso varios milenios.

La corriente que hemos definido como gnóstica (de *gnosis*, que en griego significa «conocimiento») resultará indudablemente la más importante para la difusión de la doctrina en todo el Mediterráneo y Europa durante el primer milenio cristiano.

La salvación consiste en una lucha sin fin contra la materia, encarnación tras encarnación. Este es el mensaje que los gnósticos llevaron a todas partes.

El alma debe experimentar cualquier tipo de vida sólo con el fin de no esperar ya nada de la propia materia. Así pues, podemos hablar de una visión experimental de la reencarnación más que punitiva.

En la Edad Media, el movimiento de los cátaros (los «puros») recuperará este tipo de doctrina, desarrollada al margen del cristianismo oficial.

Ideas análogas formarán la estructura del Zohar («Libro del esplendor») y de la cábala (conjunto de doctrinas esotéricas y místicas del judaísmo), que consideran la reencarnación un medio para recobrar la paz del «pueblo disperso».

Reencarnación y cristianismo

Hemos visto que la creencia en la reencarnación implicó también a grupos y movimientos que acompañaron y siguieron el nacimiento del cristianismo, sin considerar a este como una religión que deba excluir la hipótesis del regreso a la Tierra.

Pero ¿cuál fue la postura de aquellos fieles que participaron en el nacimiento y el primer desarrollo de la doctrina cristiana?

La convicción de que el ser humano sólo vive una vez no era en un principio tan clara como se delineó a finales de la Antigüedad a consecuencia de las duras intervenciones de la Iglesia.

Algunos de los primeros cristianos creían que en la Biblia (¡en el propio Nuevo Testamento!) había algunas referencias a la verdad del fenómeno de la reencarnación. Se trataría, simplemente, de interpretar algunos dogmas evangélicos de una forma distinta de la que aún hoy es considerada válida por las instituciones religiosas católicas, ortodoxas o protestantes.

Por ejemplo, la resurrección de la carne puede verse como regreso de los seres humanos a la Tierra (habría unas indicaciones en este sentido en las Cartas de San Pablo). Hay incluso quien explica el infierno como la obligación de reencarnarse y sufrir hasta que la purificación sea totalmente completa; sobre estos aspectos volveremos en el último capítulo.

La corriente reencarnacionista no logró predominar dentro de la Iglesia. Los Padres de la Iglesia condenaron a autores como Filón y Orígenes, que como cristianos convencidos escribieron obras en las que se explicaba la preexistencia (el hecho de haber vivido ya) y la existencia de criaturas ya purificadas y más evolucionadas que nosotros, los seres humanos (el más decidido oponente de la doctrina de la reencarnación fue San Jerónimo).

La condena definitiva se produjo con el Concilio Ecuménico de Constantinopla (553 d. de C.). Desde ese momento el reencarnacionismo sólo ha sido profesado por los movimientos heréticos o por los grupos del esoterismo cristiano, aunque una reciente encuesta ha dado a conocer que al menos el 40 % de los cristianos cree en el renacimiento.

El vedismo

Principales dogmas

Indudablemente, en la Antigüedad no fue Occidente quien efectuó la mayor aportación al reencarnacionismo.

Las principales religiones de Oriente basaron su fe en la doctrina de la reencarnación. En Egipto y Europa sólo se podía acceder a la misma a través de los misterios o de una religión alternativa; sin embargo, los textos sagrados de la India se mostraban muy explícitos sobre el fenómeno del renacimiento.

No obstante, en honor a la verdad hay que decir que los textos hindúes más antiguos no reflejan la doctrina de forma organizada y clara. En los Vedas, las alusiones resultan fragmentarias, y sólo en los *Comentarios a los Vedas* la doctrina asume una forma más sustanciosa.

Upanishad y *Bhagavadgita* se llaman las obras hindúes, redactadas en torno al siglo VIII a. de C., que tratan en profundidad las leyes de la reencarnación.

La enseñanza más importante de los textos que acabamos de citar es la que explica el cuerpo como ilusión. Nuestros cuerpos no representan la verdadera realidad. Nosotros, prisioneros de ellos, nos hacemos la ilusión de que son verdaderos, cuando en realidad sólo son unas apariencias que nuestras almas adoptan para purificarse y alcanzar la salvación final.

El propio Krishna, divinidad inmortal considerada «señor de todas las existencias», precisamente porque coordina las encarnaciones de cada uno de nosotros, asume cada vez unos cuerpos distintos para traer justicia y amor al mundo. Llega a fingirse humilde cochero a fin de aconsejar a un capitán de guerra sobre la mejor forma de combatir.

Así pues, los papeles que los mortales adoptan en cada vida son simples máscaras, aunque necesarias para el camino espiritual de sus almas. Se trata de premios o castigos particulares que les son asignados en función del comportamiento de las primeras encarnaciones; pero cualquier elección oculta algo más profundo y real, que sólo al final del samsara (ciclo de renacimientos o transmigraciones) conseguiremos comprender en realidad.

La parte más oculta de la doctrina védica e hindú habla de algo que va más allá del ciclo normal de reencarnaciones sobre la faz de la Tierra. Es posible que haya habido una serie de existencias de diversa naturaleza en lugares alejados de los terrestres. Por eso se llama al alma humana «Hija del Cielo».

La mitología hindú representa muy bien este concepto. La hermana del rey de Madura, Devaki, tenía frecuentes éxtasis o visiones. En uno de ellos oyó una música celestial y vio que de repente se abría la bóveda celeste. Un número enorme de criaturas llenas de luz la miraron, cantando himnos al gran padre Mahadeva, máxima fuente de luz y felicidad. A continuación, Devaki concibió un hijo, que nació en los montes sagrados para escapar de la furia asesina del hermano de la muchacha. El recién nacido era nada menos que el divino Krishna. Por lo tanto, aquellas criaturas relucientes eran las demás formas que Krishna había adoptado antes de aparecer por primera vez en nuestro planeta. Incluso quien trae al mundo la divinidad tiene a sus espaldas diversas formas anteriores de vida, no viene de la Nada Eterna, sino que ha alcanzado la experiencia necesaria para acceder a las cimas de la espiritualidad.

Sin embargo, la más alta enseñanza de los textos védicos y posvédicos se refiere a la profunda justicia de la acción del karma. No es un juez externo quien decide nuestro destino. Es nuestra propia alma la que repara los errores que ha cometido antes para equilibrar la suerte del mundo. Cualquier otra forma de justicia, incluida la que ejercen magistrados y políticos en los diversos países del mundo, es sólo una pálida copia de la espiritual. Las posibles injusticias sociales sólo sirven para igualar la totalidad de las deudas kármicas.

La lucha contra la ignorancia

Otro concepto fundamental del hinduismo es el de *avidya*.

Durante el camino de las encarnaciones, una potencia muy peculiar, que parece nacida especialmente para complicar las cosas, obstaculiza el intento de progresiva purificación que cada alma lleva a cabo para ganar la salvación definitiva. El avidya es una especie de ignorancia que impide a las almas entender cuál es su verdadero objetivo, les hace perder la pureza original y desear sobre todo las satisfacciones de tipo material.

Así nace y se desarrolla lo que también en Occidente llamamos el «mal» o la «caída». Un reencarnado puede querer reparar los errores cometidos en vidas anteriores, pero puede ser absorbido por el avidya y desear justo lo que no debería desear ya. Sabe cuál era el camino a seguir, pero lo olvida nuevamente. Así contrae nuevas deudas, que será llamado a reparar cuando por fin logre vencer a esa potencia malvada que le oscurece la mente.

Para llegar a esta meta hay que tratar de seguir los principios morales y los valores religiosos, es decir, todo lo que se sitúa bajo el término hindú de *dharma*. Si el karma representa el fruto de las acciones de las vidas anteriores, el dharma indica los instrumentos efectivos que cada uno de nosotros puede tener a su disposición para derrotar al avidya y deshacer definitivamente el karma.

Hay un dharma de tipo mental, el estudio de los textos sagrados, otro de tipo afectivo, la correcta vida familiar, y un último de tipo punitivo, la vida del ermitaño basada en el sufrimiento físico y en la disciplina, que permite contemplar directamente a la divinidad. Cualquiera que sea el tipo de dharma que se escoja, es conveniente ayudarse con unas actividades psicofísicas conocidas en todo el mundo con el nombre de yoga.

Como una tela de araña

En las *Upanishad* se repite a menudo la simbología de la araña para explicar la complejidad de la red que mantiene unidas las encarnaciones. A partir del ser todo se crea y se devora, como hace la araña que escupe y se vuelve a comer su tela. Ese es el destino de todos nosotros, obligados a producir continuas formas materiales que cada vez se disuelven y transforman de nuevo en entidades espirituales.

Por otra parte, si la araña no construyese con tanto esfuerzo su tela, no podría alimentarse y recorrer al mismo tiempo ese precioso camino que lleva a la verdadera felicidad. Vida tras vida nosotros construimos ese hilo que nos lleva a la salvación. Morir y luego renacer, y luego volver a morir: nada de esto es tan inútil como puede parecer a primera vista, precisamente porque existe una entidad que no olvida el camino recorrido y atesora las más diversas experiencias.

Al construir su tela gigantesca la araña puede elevarse hasta el cielo y alcanzar así la libertad. El largo hilo de las reencarnaciones representa verdaderamente para la humanidad el medio de paso de la tierra al cielo, de una condición de imperfección y miseria a una de completa realización espiritual.

Si algún accidente externo llega a romper ese hilo, la araña lo reconstruye con infinita paciencia, porque esa es la labor que la distingue de todos los demás animales y le permite seguir viviendo y conservar su especie. De la misma forma, el ser humano puede caer, corrompido por el avidya, en el peor de los pecados, comprometiendo incluso el trabajo espiritual realizado en las encarnaciones anteriores. Y entonces debe volver a empezar, debe reconstruir su tela casi a partir de la nada, por ejemplo, volviendo a vivir de la forma más humilde y sufrida posible; pero su camino de salvación nunca podrá detenerse y será capaz de recomponer la tela que le lleve poco a poco a la definitiva liberación del samsara.

El budismo

La otra gran religión oriental que toma en consideración la doctrina de la reencarnación y construye sobre la base de esta una serie de preceptos morales es el budismo.

El origen de la fe budista, que con el paso del tiempo se ha diversificado al menos en tres escuelas, caracterizadas por espíritus y acepciones bastante diferentes, es el famoso discurso de Benarés pronunciado directamente por Buda (el «Despertado»), personaje que vivió en el siglo VI a. de C.

El propio Buda expresa así las cuatro nobles verdades que el ser humano debe conocer para poner fin al ciclo de los renacimientos y alcanzar el nirvana, estado de eterna felicidad: «Esta es la Noble Verdad acerca del dolor: el nacimiento es dolor, la vejez es dolor, la muerte es dolor. La unión con lo que disgusta es dolor, la separación de lo que gusta es dolor, no obtener lo que se desea es dolor.

»Esta es la Noble Verdad acerca del origen del dolor: este es aquella sed que es causa de renacimiento, sed de placer, de existencia y de prosperidad.

»Esta es la Noble Verdad acerca de la supresión del dolor: es la supresión de la misma sed, aniquilando por completo el deseo, desterrándola, reprimiéndola, liberándose de ella, desprendiéndose.

»Esta es la Noble Verdad acerca del camino para suprimir el dolor. Es el gran sendero de las ocho vías: recta comprensión, recto pensamiento, recta palabra, recta acción, recta vida, recto esfuerzo, recto recuerdo, recta concentración.»

Según Buda el hombre es un ser pasivo, sometido a todas las condiciones que influyen en él. Esta misma situación le obliga a reencarnarse continuamente, sufriendo cada vez nuevo dolor, hasta que logra volverse activo de verdad a través del efectivo recorrido de las ocho vías.

Los cuerpos de Buda y los signos de los renacimientos

En el momento en que nació Buda fue muy explícito sobre su esencia espiritual. Así, proclamó: «Yo soy el más alto del mundo, yo soy el mejor del mundo: este es mi último nacimiento, ya no habrá para mí otra existencia».

De todas formas, todos los seres humanos pueden tratar de llegar a semejante estado de gracia, alcanzando la «budidad», especie de definitivo despertar que es digno de lo que el budismo define como «iluminación».

Así, todos los que alcanzan el estado de Iluminado logran tener tres cuerpos al mismo tiempo: un cuerpo prefabricado con el que se manifiestan nuestros cinco sentidos, un cuerpo glorioso que vuelve a asumir las virtudes que han crecido en las vidas anteriores y que sólo puede ser visto por quien está muy próximo a la iluminación, y por último un cuerpo auténticamente espiritual, vinculado de forma directa con el alma divina y universal.

Desde el punto de vista de la reencarnación, el cuerpo glorioso representa la dimensión más interesante de Buda, precisamente porque su existencia constituye una prueba de los continuos renacimientos, sin los cuales nadie puede acceder al umbral de la verdadera espiritualidad. El cuerpo glorioso se debería reconocer a través de un centenar de signos que por desgracia no resultan visibles para las criaturas que aún no han alcanzado cierto nivel espiritual. Los principales signos serían un copo de lana muy pura y blanca situado entre las dos cejas y un singular gorro, que en las representaciones clásicas de Buda adopta la forma de una protuberancia encima de la cabeza. El copo constituye una especie de tercer ojo que se ha creado gracias a los conocimientos de todas las vidas y el gorro simboliza un prodigioso aumento del volumen del cerebro, digno de un superhombre que ha ido más allá de las capacidades mentales normales.

La doctrina budista del karma

Aunque se diferencian por otros motivos, las diversas escuelas budistas, incluida la japonesa, están de acuerdo sobre la doctrina del karma, que explica precisamente el regreso de la vida después de la muerte.

Cuando nosotros actuamos, pensamos o hablamos, se pone en marcha una forma de energía capaz de producir un resultado determinado incluso después del final de nuestra existencia, porque la muerte no es el fin del ser sino sólo una manifestación particular de su desarrollo. La vida actual es el producto de la vida pasada, al igual que el fruto es el producto de la flor, pero el fruto presente dejará caer una semilla que florecerá en la próxima vida.

Hay unos términos japoneses que traducen de forma precisa el vínculo entre la vida anterior y la vida sucesiva. *Sukumci* es el destino derivado del *Sukusc*, es decir, de las elecciones pasadas.

Puede decirse que, según el budismo, incluso la materia, es decir, los objetos y los cuerpos de las personas que vemos pasar ante los ojos durante nuestra existencia, no representa una realidad autónoma, sino simplemente la materialización de los actos y pensamientos que hemos producido en las existencias pasadas. Somos nosotros quienes hemos querido y creado la casa donde ahora vivimos, la mujer o el hombre al que amamos, el coche que usamos todos los días. Hay una especie de fuerza invisible que proyecta, determina y gobierna todas las cosas que caracterizan nuestras vidas. Esta fuerza halla en el pensamiento su máxima expresión. El pensamiento no es la consecuencia de los hechos que nos suceden sino su causa profunda. Muy bella es la imagen budista del pensamiento como mar y de las acciones como olas más o menos altas de este mar. Por desgracia, con demasiada frecuencia tomamos las olas por el mar. Las continuas llamadas al dinero, los placeres materiales y al éxito no hacen sino confundirnos aún más la vista, impidiéndonos ejercitar el «pensamiento positivo», capaz de condicionar para bien nuestro ciclo de renacimientos.

El lamaísmo tibetano

En el ámbito del lamaísmo, particular versión del budismo que es practicada en la meseta del Tíbet, entre la India y China, la doctrina del karma se ha considerado siempre el pilar de la fe religiosa.

El budismo llegó al Tíbet mucho tiempo después que a China y Japón, exactamente setecientos años después del nacimiento de Cristo. Arraigó sobre todo dentro de los monasterios, donde también tenía su sede el poder político. Al comienzo de la Edad Moderna, se impuso la figura del dalái-lama (que literalmente significa «maestro similar al océano» y, por lo tanto, capaz de administrar de forma directa la divina manifestación del pensamiento), surgida al frente de los monjes y que aún reside en el monasterio de Lhassa. Todos los dalái-lama que se han sucedido hasta este momento se consideran encarnaciones de Avalokitesvara, un ser iluminado que casi ha alcanzado la perfección de Buda. Para tener una idea del grado de iluminación que se supone que ha alcanzado quien se convierte en dalái-lama, cabe reproducir la fórmula que los fieles recitan a menudo: «Me refugio en Buda, en la doctrina y en la comunidad, y confío por completo en el Lama». En la jerarquía política del Tíbet, sólo se sitúa al mismo nivel que el dalái-lama el *tashi-lama*, que reside en el monasterio de Tashi y es considerado la encarnación de otra alma iluminada, la de Chenresik.

Se consideran igualmente ilustres reencarnados las demás autoridades religiosas como el gran lama mongol y el gran lama de las otras pequeñas naciones de fe lamaísta.

A la muerte de cada dalái-lama, el *tashi-lama* lleva a cabo una profunda búsqueda de su sucesor. Se trata de identificar al nuevo reencarnado en los niños varones que acababan de nacer después del fallecimiento, según algunas técnicas de reconocimiento que se sirven también de la astrología y la magia, pero que parten de algunos rasgos físicos como ojos rasgados, orejas muy grandes, líneas marcadas en las manos y manchas en la piel.

Entre otras cosas, el Tíbet ha regalado a la humanidad uno de los textos más bellos que se han escrito jamás sobre la vida después de la muerte. Se trata de *El libro que conduce a la salvación de la existencia intermedia* (este es el título original), más conocido como *Bardo Thodol* o *Libro tibetano de los muertos*.

En él se explica todo lo que sucede en el más allá después de la muerte del individuo: en el transcurso de algunas decenas de días se vive una auténtica existencia intermedia, durante la cual se encuentra la «Luz de Verdad», que sólo puede reconocerse si en la existencia terrenal se ha cultivado la dimensión espiritual. En cambio, quien ha sido vencido por el pecado no podrá verla, a menos que acepte purificarse y corregirse siguiendo precisamente determinadas instrucciones contenidas en dicho libro.

Sólo en caso de que no logremos llevar a cabo este ritual de purificación nos veremos obligados a encarnarnos nuevamente en un ser humano o en un animal con un nuevo sufrimiento carnal, con el objetivo de borrar de forma efectiva nuestras deudas.

La existencia intermedia es complicada precisamente por la presencia de luces alternativas a la de verdad, luces diabólicas que no hacen sino volver a avivar los malos sentimientos vividos antes de la muerte. En ocasiones, estas luces nos hacen creer que son la verdadera Luz si no estamos ya preparados para evitarlas a través del conocimiento de la ley en esta vida.

La primera parte del libro describe la manifestación de la Luz de Verdad; la segunda, el acecho de las divinidades terroríficas capaces de corromper nuevamente; la tercera, el juicio respecto al alma del muerto. No faltan referencias a la continuación del samsara y en particular a la forma de renacer si aún no se ha alcanzado la Luz.

Muchos expertos en psicología y parapsicología han observado las extraordinarias semejanzas entre las escenas del más allá descritas por el *Bardo Thodol* y las imágenes del túnel y de las luces vistas por quienes en nuestro siglo han vivido una experiencia de muerte inminente después de accidentes graves o enfermedades en apariencia irreversibles. Así pues, no hay nada nuevo bajo la luz... ¡de la muerte!

Creencias más recientes y esoterismo occidental

Después de ver la forma en que las grandes tradiciones religiosas que nacieron en la Antigüedad trataron el problema de la reencarnación, conviene dar un vistazo a la corriente de estudiosos o fieles que llevaron adelante la doctrina a través de la Edad Media y la Edad Moderna sin pertenecer a una religión constituida sino a grupos filosóficos, esotéricos o religiosos de carácter autónomo.

En Oriente ha prevalecido hasta hoy una concepción religiosa y mística de la reencarnación, incluso en aquellos movimientos encabezados por personajes de impronta profética como Gandhi, Sri Aurobindo o Yogananda, o que se han organizado en sectas que se han difundido por el mundo, como los Are Krishna. A lo largo de los siglos se han impuesto unas versiones originales nacidas a partir de la profundización en la teoría o el dogma hindú y budista. En Occidente han logrado penetrar mejor precisamente estas teorías, tal vez porque creer en ellas no significa abrazar religiones oficiales demasiado opuestas al cristianismo, islamismo o judaísmo. Pero, como ya hemos visto en parte, también en Occidente se ha producido en el último milenio una profunda reflexión sobre la tesis de los renacimientos. En toda Europa, y sobre todo en Francia y Alemania, se ha dado preferencia a una concepción espiritualista de la reencarnación, en busca de valores auténticamente espirituales, que la Iglesia u otras instituciones con fines morales no podían cultivar de la forma más libre y sin prejuicios. Filósofos como Lessing y Schopenhauer se interesaron por el problema; literatos como Hugo y Balzac lo trasladaron al nivel fantástico. Pero la investigación más avanzada fue realizada por los movimientos esotéricos como la orden de la Rosacruz, nacida en Alemania en el siglo XVIII, y la Sociedad Teosófica, fundada en Inglaterra en el siglo XIX, en cuyo seno tuvo origen la Escuela Antroposófica de Rudolph Steiner, que en el ciclo de los renacimientos basa incluso un programa educativo.

EL KARMA
Y SUS LEYES

¿Quién o qué se reencarna?

Las palabras que más se han repetido en la anterior panorámica de las creencias, que de la prehistoria a la actualidad se han referido a la continuación de la vida después de la muerte, son, además de *reencarnación*, *renacimiento*, *transmigración* y *regreso*. Si aceptamos la verdad de estos fenómenos de carácter repetitivo que afectan a la vida humana y a la espiritualidad que la anima, no podemos evitar hacernos una pregunta crucial: ¿quién o qué se reencarna?

No puede pensarse que existe un mecanismo autónomo que implica sólo a la materia o bien que consigue que una persona que vivió siglos atrás vuelva a nacer de la oscuridad de su tumba, después de convertirse en polvo y tierra. En el mejor de los casos, ¿cómo podría recomponerse un grupo de huesos, aunque fuese bajo otra forma, y asumir nuevamente un cuerpo animado y viviente? Así pues, es imposible excluir del proceso del renacimiento la presencia de una realidad de carácter espiritual capaz de pasar de una existencia a otra. Pero ¿cuáles son entonces las características de esta realidad, evidentemente dotada de fuerzas y medios que superan la limitada potencia física y mental de los seres humanos como los conocemos en apariencia?

Se trata de una mente superior, llamada en hindú *manas*, que es directamente inspirada por la pura esencia espiritual, es decir, por el espíritu único e indivisible que rige el universo. Puede hablarse de yo o ego pensante, producido por un alma individual que se ha desprendido del alma universal precisamente para dar vida a una serie de actividades que comprenden el ciclo de las existencias terrenales. El yo pensante, o sea, la mente individual que opera para alcanzar ciertos objetivos de los que volveremos a hablar más adelante, se divide a su vez en dos tipos de subjetividad, el yo individual y el yo personal, ambos fundamentales para dar vida al fenómeno de la reencarnación en todas sus complejas manifestaciones.

El ego o yo individual es una entidad preexistente respecto a todas las personas que encarna, más o menos numerosas, y pasa de un cuerpo a otro en función de un programa muy concreto que cada vez puede revisar y modificar. Imaginemos un hilo rojo que mantiene unida toda la cadena de las vidas sin identificarse por completo en ninguna de ellas, pero permitiendo el paso de una a otra.

El yo individual es en sí mismo un Individuo, palabra que deriva del latín *individuum* y que significa «ser que no puede dividirse»; cabría añadir: único e inconfundible. Este individuo espiritual sobrevive a cada una de las existencias y, después de la pausa al final de cada vida, vuelve a ponerse en el lugar de un yo personal, es decir, de una nueva criatura humana que desde el punto de vista material no conserva absolutamente nada de la persona encarnada con anterioridad.

El yo personal no sobrevive en absoluto a la muerte de la criatura en que habita. Emerge con el nacimiento del bebé y sólo sirve para vivir una sola vida, larga o corta. Por lo tanto, la persona que nosotros somos en esta vida presente ha existido una sola vez y no existirá nunca más. Cada uno de nosotros es completamente irrepetible.

Estamos insistiendo en este concepto porque no nos parece que esté muy claro para quienes consideran la doctrina de la reencarnación como algo demasiado alejado de la mentalidad occidental actual. El fenómeno del renacimiento no pone en tela de juicio el concepto del ser humano irrepetible. Renace sólo el yo individual, el cual va a encarnarse en una nueva persona que ha escogido para llevar adelante su proyecto kármico. Como es lógico, el yo individual se ve obligado a entrar en el yo personal asumiendo algunos rasgos del carácter que son consecuencia del tipo de vida seguida con anterioridad, pero todo ello no significa que adoptemos los rasgos físicos y psíquicos de la persona que nos ha precedido. Debemos reconocer que nuestro yo personal es gobernado por un yo más profundo, por una mente permanente y eterna capaz no sólo de sobrevivir a nuestra muerte, sino también de guiar nuestro destino futuro, lo que en las grandes religiones monoteístas se denomina «alma».

¿Por qué regresar a la Tierra?

La reencarnación actúa según algunas leyes que ahora trataremos de ilustrar y en las que intentaremos profundizar. El aspecto que caracteriza en mayor medida su acción, lo que en todo el mundo recibe el nombre de *karma*, hoy en día, usando la expresión sánscrita, es representado por el regreso a la Tierra de la entidad que ya una vez se ha presentado en ella bajo la forma de un común mortal.

¿Por qué regresar? ¿Por qué motivo se debe revivir después de una primera muerte? ¿Y con qué fin hay que renacer aquí y no en otra parte? Por último, el alma, como se denomina popularmente aquello que se reencarna, ¿no habría podido desarrollar o concluir su proceso de purificación o reunificación con la divinidad directamente en otra dimensión?

Para responder a todas estas preguntas hay que preguntarse, ante todo, por el motivo por el que un ser de origen espiritual está manifestándose y ganando experiencia en un planeta cualquiera del sistema solar.

El concepto de descenso, o de caída, está presente en gran parte de las religiones, incluso en las que se oponen a la doctrina de los renacimientos. Todos los pueblos del mundo han intuido que la vida humana es la consecuencia de una serie de fenómenos espirituales, que con un fin misterioso pero inevitable han llevado a la creación de la materia y a su evolución en criaturas cada vez más complejas. Dios, o los dioses, lo han querido así para mejorar el universo entero, aunque existen unas fuerzas malvadas que han obstaculizado o retrasado todo el proceso.

La materia podría ser el resultado de un choque de fuerzas o bien el paso necesario para llegar a un nivel espiritual más alto. Si se ha producido de alguna forma un descenso del alma divina al cuerpo animal y humano, tarde o temprano habrá un ascenso hacia la pura espiritualidad, sobre todo porque muchos indicios sugieren que han existido, y existen, seres humanos dotados de cualidades muy particulares, con un alma más elevada hacia el cielo.

La forma de ascender del mundo de la materia al del espíritu ha sido vista de manera distinta por las diferentes religiones. Sin embargo, casi todas coinciden en que sólo una serie de buenas acciones, guiadas por la humildad, nos podrán liberar de las fuerzas del mal.

Ahora bien, resulta evidente que no es fácil aprender a amar y a hacer el bien durante el transcurso de una sola existencia. En efecto, son demasiadas las tentaciones y demasiado breve el tiempo para lograr vencerlas de verdad.

Además, la observación de los fenómenos naturales nos ha llevado a entender que nada está destinado a terminar en realidad en todo el universo y sobre la faz de esta Tierra, pues todo se transforma, y que no existe un final brutal que borre por completo todas las cosas.

Bastaría con tener en cuenta el ritmo diario del sueño que se alterna sin cesar con la vigilia, al igual que la noche con el día, para aceptar que vida y muerte no son dos realidades que se oponen de forma drástica, de modo que cada una deba verificarse una sola vez, sino dos estados del ser que se suceden continuamente y se repiten para impedir que algo o alguien acaben para siempre.

La vida continúa incluso después de la muerte aparente, aunque bajo otra forma. Continúa en otra dimensión, en busca de un medio más sutil que la manifestación terrestre para llegar a aquella reunificación con la Unidad divina que representa la máxima meta de todos sus esfuerzos.

Sin embargo, para seguir purificándose por fuerza debe regresar a nuestro planeta, porque su destino y su escuela están aquí. Es aquí abajo donde se aprende a sufrir de verdad, a través de la miseria de la carne y de la materia. Es aquí abajo donde se ha iniciado cierta labor que tal vez se ha dejado a medias, y que hay que llevar a cabo con los mismos instrumentos.

El camino es largo y fatigoso, y hay que reanudarlo a partir del momento y del lugar donde se ha dejado para concederse una pausa de regeneración y recreación. Igual que en la escuela: no se puede cambiar de clase, no se puede modificar el camino proyectado.

Ineluctabilidad de la elección e hipótesis sobre otras elecciones

Si el alma hubiese querido o podido evolucionar y purificarse en una dimensión distinta de la terrestre, por ejemplo en una especie de sala de espera celeste, no habría decidido bajar a la Tierra ni siquiera una primera vez, sino que se habría quedado en el llamado «más allá», sin hacerse prisionera de un cuerpo y someterse a unas leyes, las de la materia, que no son en absoluto las suyas.

Entre tantas posibilidades, que nosotros, los seres humanos, sólo conocemos de forma confusa y excepcional, la entidad escogió la experiencia terrenal, llena de riesgos y privaciones, pero por ese mismo motivo más adecuada para la purificación. Sin la materia terrestre, el alma no habría podido ponerse verdaderamente a prueba, entender hasta qué punto es capaz de resistirse a las fuerzas del mal y cómo puede llegar a la verdadera liberación.

Una vez emprendida la vía terrestre, el conjunto de las fuerzas espirituales ya no pudieron echarse atrás y se vieron obligadas, por los factores arriba descritos, a plantear una serie de revisitaciones (retornos al ambiente terrestre) destinadas a hacer madurar, aunque fuese lentamente, aquellos conocimientos y experiencias que les servirán para adquirir un estado de perfección superior al anterior.

No se puede excluir, a priori, que antes o después de la experimentación terrestre el alma haya tenido o vaya a tener algunas experiencias en otros lugares del universo, como tiende a creer por ejemplo, la corriente esotérica encabezada por la Teosofía y la Antroposofía.

Como es lógico, en otros planetas o elementos astrales no podría presentarse o volver a presentarse bajo la forma de la materia terrestre y humana, sino que se adecuaría a las características naturales y atmosféricas de esos ambientes, dando origen a otras formas de vida que el ser humano no puede conocer (a menos que se quiera dar crédito a las visiones de ovnis y a la descripción de alienígenas llegados a la Tierra). Una vez más, conviene decir que nos hallamos ante un misterio. No obstante, el poder de las fuerzas espirituales que cabe intuir permite imaginar semejantes capacidades de traslado por el espacio y la consiguiente vida extraterrestre.

Ciertamente, hablar de reencarnación para experiencias relativas a otros planetas o ambientes del firmamento estaría fuera de lugar. La idea de carne y de revestimiento carnal es típica del ambiente terrestre y del género animal al que, con algunas variantes físicas y psíquicas, pertenecen los propios seres humanos.

Por lo tanto, el término justo sería el de «reaparición», pues el alma reaparece para experimentar tipos de existencia basados en composiciones químicas o psíquicas, favorecidos por la atmósfera específica del lugar astral, que permiten adquirir determinadas experiencias. En cuanto a sus sucesivos traslados a otros lugares del espacio bajo la forma del lugar de partida con vistas a contactos con otras formas más o menos evolucionadas, no debemos rechazar en absoluto esta hipótesis, ya que, desde el punto de vista teórico, cuando se habla de fuerzas espirituales no hay que poner límites de espacio ni de tiempo. Los conceptos de tiempo y espacio son sólo el fruto de una mente, la nuestra, que aún está demasiado condicionada por la prisión del cuerpo y que necesita límites matemáticos, más que nada para desempeñar las tareas prácticas necesarias para su supervivencia.

Los seres humanos no logramos imaginar bien otros tipos de reaparición distintos de la reencarnación terrestre. Y esta incapacidad de ver no es fruto de la causalidad: quien está viviendo un ciclo de renacimientos terrenales debe pensar sólo en hacerlos bien, precisamente porque se halla en un estadio que no permite mirar ni demasiado hacia delante ni demasiado hacia atrás, ni tampoco curiosear en espacios lejanos, pues de lo contrario existe el riesgo de frenar o acelerar en exceso el ritmo de las propias operaciones. Efectivamente, la verdadera espiritualidad es un bien demasiado valioso para no proceder con atención en los pasos que estamos dando para alcanzarla. Lo que a nosotros, «entidades en estado carnal», debe importarnos ahora es acabar bien la existencia actual para luego regresar otras veces, las que sean necesarias, a la Tierra, con el fin de llevar a cabo el proyecto iniciado en la primera encarnación.

La ley de causa y efecto

La ley más conocida del karma, y por lo tanto de todo el proceso de la reencarnación, es la que recibe el nombre de «ley de causa y efecto». Esta ley regula en profundidad todas nuestras existencias, dando sentido incluso a las acciones aparentemente más insignificantes y banales que realizamos a lo largo de cada existencia.

Ya nuestras primeras apariciones terrenales representan el efecto de una causa, pues la necesidad de alcanzar una mayor espiritualidad, pasando a través de la materia, impulsa inexorablemente a nuestra entidad a asumir un cuerpo humano.

Una vez que hemos alcanzado la Tierra y hemos comenzado a habitarla en una región determinada, ponemos en marcha un mecanismo inevitable. Estamos llamados a tomar unas decisiones sobre todo lo que hacemos, desde la ropa que llevamos hasta los alimentos que comemos, pasando por las personas con las que nos relacionamos y a las que ayudamos. Tales elecciones, que desde el punto de vista material pueden incluso carecer de influencia y que en cualquier caso parecen afectar sólo al ambiente y a la existencia que estamos experimentando y viviendo, conllevan en realidad unas consecuencias concretas desde el punto de vista espiritual.

Ya hemos visto que las fuerzas espirituales no conocen el tiempo de la misma manera que nosotros. Lo que para nosotros son setenta años para ellas representan una fracción de minuto. Así, nuestra vida es una fracción de minuto seguida de una vida sucesiva, es decir, de otro puñado de segundos. Todo lo que hacemos durante los actuales segundos no puede dejar de incidir en los segundos que vendrán. El karma prolonga sus efectos en el tiempo y, tras la pausa que sigue a la muerte, vuelve a condicionar con prepotencia las decisiones sucesivas. Nada en el mundo es casual; y si, por ejemplo, tiramos al suelo unos objetos en un punto determinado de esta vida, debemos esperar una acción igual y contraria (eso dice también una ley de la física) en el transcurso de esta misma vida o bien de las vidas sucesivas. No siempre la reacción se produce en seguida, precisamente porque ciertas fuerzas son más lentas que otras.

Dado que para nuestras entidades el regreso a la Tierra se debe a un compromiso contraído a fin de alcanzar un orden espiritual superior, la ley de causa y efecto se refiere sobre todo a los hechos de carácter ético y moral. La ley también resulta válida desde el punto de vista material, pero los hechos físicos se suceden, vida tras vida, para restablecer un equilibrio espiritual.

Dicho de otro modo, la materia, incluso aquella de la que está hecho nuestro cuerpo, responde a unos impulsos espirituales que son generados por las acciones de buena o mala voluntad que hemos llevado a cabo en las vidas anteriores.

Si realizamos una acción válida desde el punto de vista moral, estaremos poniendo en marcha una energía positiva destinada tarde o temprano a compensarnos; si, por el contrario, cometemos una acción malvada estaremos poniendo en marcha una energía negativa destinada tarde o temprano a penalizarnos. De otro modo no se alcanzaría ese equilibrio que rige el universo y que representa la base para comprender de verdad el sentido de nuestro camino espiritual.

¿Por qué motivo algunas acciones inmorales no son castigadas y, por lo tanto, neutralizadas en el transcurso de la misma vida y quizá tampoco durante la existencia inmediatamente sucesiva? Ello depende de las decisiones estratégicas que ha tomado la entidad o ego individual (el ser espiritual preexistente que pasa por las diversas encarnaciones) antes de cada existencia. La entidad tiene que administrar cierto tipo de karma, es decir, la energía positiva o negativa que se ha creado con las acciones de la vida anterior. Cuando llega el momento de la nueva encarnación, esta debe decidir si ejercita en seguida ventajas o desventajas o bien si las deja para una encarnación futura. De todos modos, no puede evitar tener una existencia condicionada de algún modo por la vivida justo antes. En definitiva, debe respetar la ley de causa y efecto y no puede fingir que vuelve a empezar de cero. Si lo hiciese, se atraería más karma, agravando la deuda para las demás encarnaciones.

El problema de la impunidad en una sola vida

Como acabamos de indicar, es posible que en la primera parte de una determinada existencia se cometan unas faltas más o menos graves, en ciertos casos incluso homicidios o delitos de importancia.

En muchos casos, la policía del Estado y posteriormente los órganos de la magistratura competente logran primero identificar la culpabilidad o el delito cometido y luego aplican un programa penal concreto, que puede ir de cierta multa a la prisión, la cadena perpetua o la pena de muerte. Nos hallamos ante mecanismos punitivos que la entidad había previsto ya antes de nacer, aunque no en sus mínimos detalles. Al haber arrastrado desde la vida anterior una causa negativa (comportamientos indisciplinados o bien otros pequeños problemas con la justicia), la entidad se hallaba ante una alternativa precisa: o aceptar de inmediato los efectos de aquella causa, presentándose con un carácter demasiado bueno y sumiso, destinado a sufrir perjuicios de la misma entidad que los perpetrados y recibiendo una serie de aparentes injusticias, o bien seguir por el camino emprendido y aplazar a otra vida el pago de todas las deudas. Con la segunda elección se llegan a cometer incluso delitos relevantes, y se acepta luego expiar parte de estas culpas a través de las diversas penalizaciones previstas por los distintos códigos nacionales e internacionales.

En una minoría de casos la entidad puede llegar a no aceptar ni siquiera el pago provisional de las culpas durante la propia vida. Con arrogancia un poco infantil puede programar la impunidad total, logrando siempre escapar de controles y medidas.

Entonces, por la ley de causa y efecto, se verá obligada a expiar los pecados graves en la vida sucesiva, ¡pagando incluso los intereses! Mala suerte continua, graves dolores y dramática pobreza serán las consecuencias de su inconsciencia, con el riesgo de tener que continuar esta pena durante otras vidas. Por ello, no envidiemos a quienes siempre salen impunes, ¡pues tarde o temprano se arrepentirán amargamente!

El reconocimiento de los propios errores

Pero ¿cómo se produce concretamente la toma de conciencia de los errores cometidos en la vida anterior y de las consecuencias materiales que estos han provocado?

La entidad individual puede contar con la ayuda de seres que ya han alcanzado un alto grado de espiritualidad, en cualquier caso mayor que el suyo, para comprender todo esto durante el periodo de tiempo inmediatamente sucesivo al reposo absoluto que necesita entre una encarnación y otra.

Los seres elevados le dan unas indicaciones muy valiosas sobre la forma de reparar las malas acciones, como los padres suelen hacer con los hijos o los hermanos mayores con los menores.

No obstante, después de revisar y analizar su última existencia, después de revivir la trama de todas las vidas, el ego se reserva la posibilidad de tomar una decisión, por completo autónoma, sobre la forma de proseguir su viaje hacia la salvación. Él sabe que sobre la faz de la Tierra le espera el ejército de los *Skanda*, es decir, de aquellas formas de energía que han sido causadas por el comportamiento en las vidas anteriores. Los Skanda, como soldados inflexibles, están dispuestos a atacar a su destino, haciéndole ir en la dirección causada por las acciones del pasado, en ocasiones incluso con una serie de ventajas y fortunas propiciadas por actitudes moralmente apreciables. El ego es capaz también de imponer a los Skanda cierta tregua y limitar, por ejemplo, su acción fatal. En efecto, el reconocimiento de los propios errores no significa automáticamente la aceptación de una vida capaz de expiar en seguida las culpas.

En general, al cabo de pocas experiencias de vida la entidad aún no es capaz de asumir a fondo sus responsabilidades. Así, a menudo es preciso caer varias veces en los mismos errores para lograr ver en todo su dramatismo las consecuencias negativas de cierto tipo de comportamiento. Para ser entendida de verdad, ¡la ley de causa y efecto requiere toda una serie de decepciones y amarguras que sólo un alma longeva es capaz de acumular!

**El concepto de dharma como solución
a nuestros problemas**

El reconocimiento de los propios errores lleva a poner en marcha el dharma (ya hemos hablado de él al ilustrar las creencias típicas de las doctrinas y religiones orientales). El dharma representa todo lo que un reencarnado debe hacer en su vida para disolver el karma procedente de las vidas pasadas. No obstante, para tener verdadero éxito en su profunda intención, que es la intención de su entidad antes de nacer, el dharma debe coincidir con el deber en sí mismo. Es decir, quien está viviendo y no puede conocer perfectamente los proyectos de cuando aún no había bajado a la Tierra tiene a su disposición una única solución: hacer el bien por puro amor al bien, sin pensar en una motivación personal o social.

Por otra parte, ¿acaso hay una motivación explícita en el conjunto de leyes que componen la Constitución de un determinado país; «por el bien de la patria», «por el correcto funcionamiento de la comunidad nacional», son ideales que suelen evocarse. Pero cualquier finalidad puede impugnarse sobre la base de una inspiración que se le contrapone. Por ejemplo, el bien de la patria puede no ser el bien del mundo entero. De ahí la necesidad de perseguir lo que ordena la propia conciencia, precisamente porque es ajena a cualquier ideología. El bien hecho con vistas a una recompensa no llevará nunca a una acción capaz de borrar efectivamente todas las causas negativas puestas en marcha en las pasadas encarnaciones. Por eso las diversas religiones, incluso las que no hablan explícitamente de karma, exigen amar sin esperar nada a cambio.

Pero para llegar al corazón de la vida después de la muerte hay que tratar primero temas menos abstractos, explicando cuál es el proceso que nos hace pasar una segunda vez del más allá al «Más Acá», a través de nuestros cuatro cuerpos.

¿Cómo nos reencarnamos? La ley de los cuerpos

Debemos preguntarnos ahora en qué consiste el paso del plano puramente espiritual al de la nueva encarnación. Hemos visto las características del ego (yo) individual, que lo distinguen de las otras formas de espiritualidad.

Poco a poco, este es absorbido hacia la superficie de la Tierra. Sin embargo, antes de entrar en el cuerpo y guiar sus movimientos debe llevar una serie de vestidos, que sirven precisamente para presentarse de la mejor forma, entrar en el mundo con las energías más adecuadas al tipo de vida programada.

El envoltorio mental

El yo pone en marcha el primer vestido, ese cuerpo mental que está hecho de átomos mentales. Se trata de una sustancia muy sutil en la que se basan las ideas, también denominadas formas-pensamiento. Se forma así una especie de envoltorio, es decir, el primer recipiente de la personalidad terrestre. En este recipiente son experimentadas las sucesivas fases de la formación humana. ¡Igual que en un gran laboratorio!

El envoltorio astral

El primer producto del extraordinario laboratorio de la vida que está presente en el cuerpo mental está formado por el envoltorio astral.

Recibe este nombre porque está hecho de una sustancia de origen astral (se halla en las estrellas) y de naturaleza vibratoria. Sus vibraciones producen todas las emociones que vivimos a diario, de la alegría al miedo, de la simpatía a la aversión.

Cada una de estas emociones corresponde a una forma-pensamiento ya presente en el envoltorio mental, como si tuviesen que encarnar un modelo de comportamiento. Sin embargo, con el tiempo lograrán adquirir una gran autonomía, que se manifestará precisamente a través de la potencia con la que penetrarán en el cuerpo físico.

El envoltorio astral se acerca de forma progresiva a un feto humano, que el yo había escogido ya al principio de su nuevo camino de acuerdo con las exigencias kármicas.

La entrada en el cuerpo físico y el envoltorio etéreo

Poco a poco, el yo pasa del cuerpo astral al cuerpo físico, pero manteniendo un puente, una especie de almohadilla que ocupa un espacio limitado pero muy importante. Se trata del envoltorio o cuerpo etéreo, que en vida tendrá la función de vitalizar de forma continua los órganos físicos, más o menos como hace la corriente eléctrica con respecto a un electrodoméstico.

En el periodo fetal en el que se forman brazos y piernas, la ocupación del cuerpo se hace dominante.

Pero el proceso de revitalización del cuerpo por parte del yo no acaba en el momento en que se forma la estructura del ser, sino que continúa hasta el nacimiento y más allá. En definitiva, no termina ni siquiera cuando del vientre materno sale el cuerpo del hijo y se corta el cordón umbilical. En efecto, en el plano espiritual esta operación no representa mucho más que una simple división. Así, el cuerpo puede proseguir de forma autónoma por la vía de la disolución del karma.

La función de la infancia y la adolescencia

A medida que el yo avanza hacia la completa madurez carnal, el olvido de las vidas pasadas se hace profundo y total. No obstante, durante la primera parte de la vida, es decir, la infancia y la adolescencia, el agarre al cuerpo físico aún no se ha reforzado por completo.

Por ello, en estas edades es posible, en un estado de conciencia normal, recibir mentalmente un lejano eco de las anteriores existencias.

Las formas y los motivos son confusos y contradictorios, recuerdos, sensaciones de haber vivido ya en un lugar o de volver a ver a personas, repentinos estados de ánimo que no dependen de hechos o escenas del momento. Cuando somos niños y adolescentes, tenemos una especie de certeza de respirar aún una atmósfera particular, vinculada a experiencias vividas en otros tiempos.

El adulto y la prisión corporal

El fenómeno del olvido de las vidas pasadas tiene lugar ya en el momento de la formación del envoltorio mental, aunque sólo halla su definitivo cumplimiento con la autonomía absoluta del cuerpo físico respecto al envoltorio astral. Por lo tanto, la persona adulta, desde los dieciocho o veinte años en adelante, percibe sólo la presencia de su cuerpo de esta vida, con todos sus problemas, incluso banales, de la necesidad de comer a la de hacer el amor. ¡Nada más! ¡Ya no se da cuenta de que detrás de sí hay toda una historia, que no pasa a través de antepasados, abuelos o padres sino de otras manifestaciones del propio yo en el tiempo y el espacio!

Con la mente se puede llegar incluso a imaginar el propio pasado espiritual, pero la ley del karma nos hace prisioneros del cuerpo actual. Nos impide verificar qué ha sucedido en realidad antes de nuestro nacimiento. Es como si hubiese un cartel que indicase prohibido pasar.

Evidentemente, el ser humano está obligado a no saber para realizar con suma concentración el tipo de tarea que está llamado a hacer ahora. De todas formas, disponemos de una legislación y una religión (las del país en el que vivimos) que indican el buen camino para cumplir el deber kármico, a pesar de ilusionarnos con vivir una sola vida. Como es lógico, esto no es impedimento para que podamos efectuar unas investigaciones de tipo cultural y espiritual, pero sólo con instrumentos del cerebro, producidos por nuestro cuerpo y no por el puro Yo.

Carácter de los cuerpos durante la vida

En realidad, durante cada una de nuestras numerosas experiencias de vida terrenal seguimos estando dotados de varios cuerpos y no sólo del físico. El cuerpo etéreo, el astral y el mental permanecen activos durante la existencia, aunque no los podamos usar directamente. El propio cuerpo físico puede funcionar porque está envuelto por sus tres vestidos invisibles. ¡Si nosotros no los vemos ni los tocamos es sólo porque los sentidos no logran percibirlos! Pero su función es verdaderamente esencial para la vida cotidiana.

Función del cuerpo etéreo

El cuerpo etéreo, también denominado cuerpo vital, se compone de partículas diminutas que son capaces de vitalizar continuamente al cuerpo físico. Cualquier movimiento o proceso no podría desarrollarse sin la dirección del cuerpo etéreo. Este gestiona un tipo de energía, denominada *prana* por los orientales, que es introducida en siete centros de energía llamados *chakras*. Los chakras se encuentran en siete puntos de nuestro organismo, a lo largo de la línea de la espina dorsal. Por ellos corren tres canales paralelos que desplazan la energía de un chakra a otro durante toda nuestra existencia. Adoptan la forma de culebras que se desenroscan en sentido ascendente. ¡Sin estas vivaces culebras no podríamos hacer absolutamente nada!

Desde el punto de vista de la reencarnación, el chakra más importante es, sin duda, el situado a la altura del ombligo, entre la zona del estómago y la del hígado. En él viven instintos, deseos y pasiones, precisamente es la energía vital que se ve más condicionada por el karma pasado, es decir, por las elecciones de vida de las pasadas encarnaciones.

Función del cuerpo astral

La verdadera fuente de instintos, deseos y pasiones es el cuerpo astral, compuesto de una sustancia aún más sutil que el cuerpo etéreo. ¡Es él el verdadero amo de nuestro destino! ¡Un amo incansable e inflexible!

Cuando sentimos placer o nos enfadamos, no hacemos sino alimentar ese cuerpo invisible. Es capaz de producir cualquier emoción, transmitírnosla a nosotros a través del cuerpo etéreo y hacer que vuelva a él con las expresiones externas del cuerpo físico, como un apasionado beso o un furioso puñetazo. Sólo es posible remontarse al cuerpo astral con unas técnicas particulares (viaje astral, desdoblamiento) que no podemos describir aquí.

En esa especie de volcán se halla activo un laboratorio que prepara las encarnaciones futuras. En él se recogen todas las elecciones emotivas que seguirán existiendo después de la muerte.

Hay incluso quien considera que la verdadera encarnación se produce sólo en el ámbito astral. ¡La física sería sólo una desdibujada copia!

Función del cuerpo mental

No obstante, sin el cuerpo mental tampoco podría operar el astral. En el cuerpo mental están las formas-pensamiento, verdaderas inspiradoras del camino kármico. Las diversas emociones son pensadas primero por el yo superior y luego traducidas a energía. Como dentro de nuestro cuerpo, es la mente la que manda.

Las formas-pensamiento han sido incluso fotografiadas mediante sistemas especiales, junto con toda el aura. El aura es una especie de aureola que se sitúa en torno a nuestro cuerpo. En ella se concentra el mejor de los tres envoltorios espirituales. En definitiva, ¡en cierto sentido somos todos unos santos!

El viaje después de la muerte

Hemos visto lo que sucede cuando el yo individual asume la serie de los cuerpos para entrar en un nuevo encarnado y dejar espacio al yo personal. ¿Qué sucede en cambio cuando, en el momento de la muerte física, cada uno de nosotros se ve obligado a abandonar su cuerpo material y regresar poco a poco a su propio yo individual, preexistente respecto a la última vida?

La muerte representa la hora predeterminada (decidida ya antes del inicio de la vida por la entidad, en función del tiempo considerado oportuno para vivir ciertas experiencias o pagar cierto karma), en la que el cuerpo físico cesa sus funciones y con él deja de operar también el yo personal.

Incluso cuando la muerte es repentina, a causa de un mal rápido, brusco o imprevisto, o bien a consecuencia de un accidente que provoca el fallecimiento instantáneo, el ser humano ve desarrollarse, en los instantes de la muerte, su existencia como en una película muy rápida. Este tipo de fenómeno ha sido descrito en términos bastante precisos y casi asombrosos por la mayoría de las personas que han estado a punto de morir, debido a un coma profundo o grave herida repentina, y posteriormente han podido volver a la normalidad de la vida cotidiana gracias a la intervención médica o a una disminución del mal no prevista por el pronóstico. Es como si el yo hiciese un examen de conciencia final sobre el comportamiento observado en toda la vida. De esta manera, el yo personal se vuelve uno solo con el yo individual e intuye por fin el motivo por el cual ha tenido que someterse a determinadas alegrías y desdichas.

En ese momento, entiende ese sentido de la vida que nos afanamos en explicar a diario basándonos en una serie de indicios que, por lo general, no hallan una verdadera solución, precisamente porque somos prisioneros de nuestro cuerpo y de una mente limitada, y en la práctica no tenemos derecho a descubrir la verdad antes de tiempo. En definitiva, ¡la verdadera vida sólo se revela con la muerte!

Tras la muerte, la energía espiritual vuelve poco a poco del cuerpo etéreo al astral para volver a ganar, al cabo de cierto tiempo, el cuerpo mental y el manas (la mente). El ser no cree haber sufrido un fenómeno tan traumático como el que en vida es la muerte. Cree haberse dormido y estar soñando.

Una primera percepción del cambio de estado se produce cuando reconoce cerca de sí a los seres que han sido en vida sus parientes.

Se trata precisamente de los cuerpos astrales de las personas que le han precedido en el más allá y que dan muestras de una gran felicidad al volver a encontrarse con la persona que tanto amaron en vida. La Tradición (el conjunto de las enseñanzas secretas que ha llegado hasta nosotros desde la Antigüedad) indica que la entidad da una rápida vuelta a la Tierra, superando, como es lógico, las barreras normales del espacio. En este punto de su carrera astral que sigue a la muerte, el espíritu también puede manifestarse en forma onírica o bien en calidad de fantasma ante las personas más queridas a las que ha dejado en nuestro planeta.

Todas estas y otras actividades de difícil identificación, que caracterizan la permanencia de la entidad en el plano astral, son necesarias para que el paso o retorno a la dimensión puramente mental resulte gradual y en absoluto brusco o angustioso, ya que la experiencia terrestre ya ha sido muy profunda.

Es difícil formular una hipótesis sobre la exacta cantidad de tiempo durante la cual tiene lugar el purgatorio astral, caracterizado aún en muchos sentidos por emociones similares a las que se han vivido aquí abajo, pues tiempo astral y espiritual tienen unas medidas distintas de las terrenales. No obstante, diversos estudiosos han hecho una conjetura considerando que la estancia astral debe oscilar entre un mínimo de diez y un máximo de setenta años terrenales, según el grado de preparación espiritual alcanzado por el encarnado en su vida.

El periodo astral es más largo cuanto más condicionada ha estado el alma por la realidad física. Quien en la última vida ha estado muy ligado a las exigencias materiales y sensuales tendrá dificultades para liberarse de los deseos y las pasiones, por lo que deberá permanecer más tiempo en el estado intermedio que acabamos de describir.

Doble retorno al olvido

Por fin llega el momento de abandonar también el plano astral para recuperar definitivamente la dimensión más verdadera de la entidad, la mental y espiritual.

El viaje de retorno a la verdadera vida comprende una etapa en el plano astral que sólo sirve a modo de «refresco» del alma, aunque la parada se paga experimentando unas emociones no demasiado agradables.

Después de esta etapa intermedia, el alma debe recuperar la paz y la tranquilidad. Entonces sobreviene un estado de sueño, que tiene la función de procurar reposo al alma después de los últimos esfuerzos terrestres. Es un sueño casi divino, que nuestra razón no tiene la capacidad de analizar y describir en todo su esplendor.

Si ocurriese verdaderamente algo sustancioso en el más allá entre una encarnación y la otra, el alma no necesitaría encarnarse tantas veces para conseguir su purificación. Sólo podrá ocurrir algo decisivo al final del ciclo de los renacimientos cuando, según la experiencia obtenida, el yo individual logre en realidad acceder a un nivel superior del que había partido. El estado de magnífico sopor en que yace la entidad después de salir también del cuerpo mental puede durar un número muy variable de años, según las exigencias del despertar experimentadas debido al karma por «desembrollar» más o menos pronto en una nueva vida.

Tanto pueden pasar pocos años como dos o tres siglos. Sin duda, un precoz despertar puede ser fuente de cierto afán, sobre todo cuando se manifiesta bajo la forma de una perentoria y brusca llamada a continuar el camino de los renacimientos con una existencia que repare drásticamente las irregularidades mostradas antes sobre la faz de la Tierra.

Después del despertar, el alma toma conciencia de su situación, se da cuenta nuevamente del camino recorrido y del que debe recorrer, establece un riguroso plan de acción para la nueva vida y se mete poco a poco en sus vestidos terrenales. Este paso constituye un puente entre dos tipos de olvido: el olvido de cuando se ha regresado al manas es una forma de descansar, mientras que el que caracteriza la vida terrenal es una forma de esforzarse, pues no recordamos lo que fuimos sólo para concentrarnos mejor en el empeño actual.

RESPUESTAS A LAS OBJECIONES MÁS COMUNES A LA DOCTRINA DEL KARMA

Reencarnación y evolución natural

Las críticas más ásperas contra la doctrina de la reencarnación suelen proceder de quienes trabajan en el campo de las ciencias naturales y la biología, sobre todo de quienes sostienen con vigor y coherencia la tesis evolucionista, formulada por Charles Darwin en el siglo XIX y seguida aún por muchos naturalistas. Según esta tesis, desde el inicio de la vida en la Tierra hasta nuestros días se habría llevado a cabo una evolución continua, de los vegetales a los animales, de los animales inferiores a los superiores, de los monos al hombre, de los seres humanos poco avanzados a los capaces de alcanzar la más alta tecnología.

A través de la selección natural, cada especie habría dado paso a otra, derivada de ella pero capaz de adaptarse mejor a los cambios del ambiente. Mediante una herencia genética que tiene en cuenta los resultados alcanzados, siempre nuevos, el perfeccionamiento del físico humano conllevaría también un perfeccionamiento psicológico y cultural.

Sobre la base de estos conceptos, cuya validez es demostrada por los evolucionistas con una serie de pruebas indudablemente sustanciosas obtenidas de la paleontología, la arqueología, la antropología y la zoología, se tiende a excluir cualquier otra forma de evolución de la vida humana, por considerarse anticientífica e imposible de demostrar.

Además, los evolucionistas, basándose en su creencia de todo lo que es orgánico y materialmente visible, no logran entender por qué motivo debería haber otro tipo de evolución, dado que la que se viene produciendo desde hace millones de años ha dado ya copiosos frutos y está llevando gradualmente a la humanidad hacia un nivel, que dentro de poco sólo podrá considerarse superhumano. De forma implícita, el evolucionismo da a entender que el progreso natural está destinado a producir algo o alguien más perfeccionado y capaz de dar lugar a una serie de enormes ventajas para él mismo y para todo el universo. Por lo tanto, la reencarnación sería sólo el fruto de la fantasía humana, es más, de la fantasía de aquellos pueblos o aquellos hombres que de alguna forma se han quedado en una fase poco avanzada de la evolución, una fase fideísta (basada en una ingenua fe en el más allá), que de todos modos sirve para dar sentido a nuestra vida y restar peso a algunos acontecimientos debidos únicamente a factores genéticos o accidentales. Según los evolucionistas, no se puede aportar ninguna prueba concreta de haber vivido ya, y los posibles recuerdos sólo podrían relacionarse con la transmisión de elementos genéticos de una generación a otra (sobre esta interpretación volveremos más adelante).

Ante todo, conviene aclarar que la doctrina del karma no se opone radicalmente a la teoría de la evolución; en otras palabras, no tiende a excluir la evolución material a través del tiempo, tal como hace, en cambio, el evolucionismo con respecto a los renacimientos. Simplemente considera que, si existiese sólo una evolución en el plano físico, el ser humano no podría alcanzar los objetivos trascendentes (que trascienden el nivel humano), identificables a partir del estudio del propio progreso natural. En efecto, la materia orgánica, a pesar de transformarse continuamente de un milenio a otro y crear formas de existencia cada vez más sofisticadas, no puede llegar por sí sola a producir una realidad distinta de sí misma. Todos los tránsitos que se han producido desde la noche de los tiempos hasta hoy representan solamente los necesarios cambios de escena deseados por una dirección oculta, a fin de producir otro tipo de evolución de origen puramente espiritual. En definitiva, hay un evolucionismo superior, de naturaleza mental y astral, que comprende el material y se sirve de él para llevar adelante un proyecto más elevado de progresiva unión con el alma universal. La transformación de los cuerpos y del ambiente en el que se mueven es sólo el instrumento del que se sirven las fuerzas espirituales para obtener lo que verdaderamente quieren, es decir, la experiencia de la construcción y de la posterior disolución del karma, único mecanismo capaz de procurar la salvación. ¡De esta forma, no es la materia la que produce la evolución psíquica, sino la realidad psíquica la que genera y transforma la materia para mejorarse a sí misma!

El problema de las pruebas a favor

Respondiendo al grueso de las críticas de naturalistas y evolucionistas, se debe dejar claro que las pruebas a favor de una evolución espiritual, como la que pasa por las diversas encarnaciones, no pueden ser de la misma naturaleza que las de la evolución material. ¡Nos parece evidente que el alma o el espíritu no hablan el mismo lenguaje que el cuerpo y, por lo tanto, no pueden dejar el mismo tipo de signos que buscan quienes estudian los fósiles o los asentamientos territoriales!

Sin embargo, como veremos en el próximo capítulo, las pruebas del renacimiento individual no sólo se hallan buscándolas con un avanzado espíritu de observación, ¡sino que son tan numerosas y de naturaleza tan diversa que pueden convencer incluso a quienes sólo se dejan seducir por las cosas más evidentes y claras!

Ahora daremos sólo una rápida lista de estos síntomas (hay que llamarlos así precisamente porque, como veremos, hay unas fuerzas de finalidad moral y naturaleza del karma que actúan de forma que no entendamos bien nuestras vidas pasadas, precisamente para permitirnos la máxima concentración en la vida actual). Se trata sobre todo de acciones, comportamientos, sucesos, visiones, situaciones de la existencia de cada uno de nosotros que no pueden hallar una explicación, una razón o una causa ni en nuestro temperamento personal ni en el de nuestros padres o antepasados.

Los síntomas más importantes se hallan en la trama y las imágenes de los sueños, en las sensaciones psicológicas (como la de haber visto ya algo o a alguien o haber vivido ya en un lugar), en el tipo y la evolución de una enfermedad sin raíces genéticas, en las señales diurnas (es decir, acontecimientos y manifestaciones de objetos que por su cualidad excepcional o repetitiva no pueden pertenecer al reino de la casualidad) y, por último, en el desarrollo rocambolesco e imprevisible de ciertas relaciones humanas con personas de cualquier edad que han condicionado nuestra vida para bien o para mal.

Los aparentes absurdos biológicos y psicológicos

Hay unos fenómenos considerados fundamentales por quienes creen en la reencarnación que, en cambio, parecen absurdos si se examinan a la luz de la biología, la psicología y la filosofía que de ellos se derivan, y que han penetrado en el sentido común que corresponde al materialismo. En particular se le discuten a la doctrina del karma las siguientes afirmaciones:

- La entidad de alguien que fue mucho tiempo antes una persona adulta penetra en las células de una persona que aún tiene que nacer.
- Quien ha sido de sexo femenino puede renacer siendo de sexo masculino.
- Determinadas aptitudes físicas y psíquicas no dependen de la herencia genética.
- La población mundial sigue aumentando; en cambio, el número de entidades que se ha reencarnado sigue siendo el mismo.
- En el inconsciente se encuentran sepultadas emociones y pulsiones relacionadas de alguna forma con las personalidades que hemos encarnado antes.

No cabe duda de que estos cinco conceptos representan puntos fundamentales de la teoría de la reencarnación, porque explican ese inconfundible modo de actuar que resulta característico del karma. Analicémoslos uno por uno tratando de ilustrar la lógica precisa en la que se basan, aunque no esté de acuerdo con los prejuicios materialistas, o aunque, pese a respetar las leyes biológicas, ofrezca una explicación que no pasa por las ciencias naturales.

La cuestión del «nuevo nacimiento»

Sobre este punto ya hemos escrito bastante en el capítulo anterior, pero aquí debemos reiterar que no existe un nuevo parto de naturaleza material por parte de un ser dotado de genes y de células, sino un fenómeno de penetración de elementos de naturaleza espiritual dentro de un cuerpo físico por completo inédito y desconocido. Por lo tanto, el paso del adulto al bebé no se produce por vía biológica, ¡sino gracias a la intervención de una realidad preexistente respecto a ambos!

Por tanto, si la entidad ha cumplido ya una existencia y ahora se dispone a regresar en el cuerpo de un bebé, eso no significa que use el mismo patrimonio genético u orgánico. Será vivir una experiencia nueva en un cuerpo nuevo, que esta vivifica en función de experiencias anteriores, después de escogerlo según las características genéticas de un padre y una madre. Si se piensa bien, la transmisión de los genes entre padres e hijos representa una modesta imitación, en términos materiales, de lo que sucede en el ámbito espiritual con el traslado del yo individual de un cuerpo difunto a otro cuerpo que nace cincuenta, cien o doscientos años después. Este es un hecho decisivo para entender que el evolucionismo natural es sólo una pálida copia del verdadero progreso, ¡invisible pero mucho más potente!

El cambio de sexo

El fenómeno del cambio de sexo entre una vida y la otra puede parecer un poco ridículo porque nos recuerda lo que durante la vida de algunas personas recibe el nombre de transexualidad o travestismo. Además, al sentido común le cuesta entender que se puede ser alternativamente hombre o mujer, cambiando no sólo rasgos físicos sino también gustos y formas de actuar.

En el plano biológico no se acepta la transformación porque no se entiende cuál puede ser la ley científica que rige el cambio.

En realidad, se trata de uno de los hechos más relevantes en la estrategia del camino kármico de una encarnación a otra. La entidad no puede imponerse la encarnación única y exclusivamente de individuos masculinos o femeninos. No lograría entender bien el significado y la función de la existencia, es decir, seguiría nutriendo una visión limitada, podríamos decir en cierto sentido demasiado machista o demasiado feminista. En definitiva, no viviría las debidas experiencias, en ocasiones muy diversas, de la vida de ciertas mujeres respecto a la vida de ciertos hombres, y viceversa.

En cada ocasión puede ser útil ser mujer para tener ciertas sensaciones o vivir como hombre para realizar el proyecto de disolución del karma de otra forma.

Es evidente que no existe una ley absoluta, por lo que una entidad podría escoger vidas sobre todo masculinas y otras básicamente femeninas, según los objetivos que se proponga, pero el número de vidas tenidas bajo un sexo determinado no suele resultar al final muy lejano del de las vividas como sexo opuesto.

En cuanto a la cuestión biológica, debemos remitirnos una vez más a la ley de los cuerpos. El cuerpo mental y el cuerpo astral, que no tienen ninguna connotación sexual porque pertenecen a la esfera espiritual, después de haber abandonado tiempo atrás un cuerpo físico que tenía un sexo determinado, penetran en otro cuerpo físico que puede caracterizarse por el sexo opuesto. Ningún elemento biológico del cuerpo anterior es utilizado para ser transformado o trasladado al cuerpo sucesivo, aunque el cuerpo astral puede resentirse aún de algunas consecuencias de la forma de pensar y actuar de la persona encarnada en la vida anterior.

Nos hallamos así ante otro problema: las posibles consecuencias psicológicas de un cambio de sexo, que no proceden de causas biológicas, pues sólo son el resultado de lo que pasa en el plano astral. Algunas entidades no experimentan ningún sufrimiento o complicación en el paso secular o bisecular de un cuerpo a otro, poniendo en práctica el proyecto kármico con una completa aceptación del nuevo sexo y del destino al que está ligado. En cambio, otras no consiguen adaptarse a la nueva situación, tal vez porque habían vivido la realidad anterior con el máximo ensimismamiento, obteniendo incluso excesivas ventajas materiales. De esta forma aparece la homosexualidad, es decir, el sentimiento de deseo y amor hacia personas a las que, pese a pertenecer al mismo sexo, se cree del sexo opuesto, porque el ser se ha quedado mentalmente en la encarnación anterior y aún no ha aceptado el cambio físico efectivo.

Indudablemente, la entidad sabe ya antes de reencarnarse con qué problemas puede enfrentarse con el cambio de sexo, y con la homosexualidad, tanto masculina como femenina, que deben entenderse también como medios de penalización con respecto a un karma anterior que, por desgracia, tiene que disolverse con la marginación derivada del hecho de ser homosexual.

Por lo tanto, la homosexualidad debe verse, por un lado, como una dificultad para madurar y, por el otro, como una forma de pagar unos errores de la vida pasada que en ciertos casos se referían incluso al abuso del sexo.

Sin embargo, también es cierto que, de forma paradójica, a veces la homosexualidad, sobre todo la que se vive de forma desafiante, corre el riesgo de crear un nuevo karma negativo justo porque se opone por completo a las leyes de la procreación.

En cambio, otras entidades obligadas a cambiar repentinamente de sexo entre una encarnación y la otra deciden mantener muy fuerte su parte femenina si son varones o su parte masculina si son mujeres.

En ciertos casos, los nuevos encarnados deciden en cierto momento de su vida, a través de una operación ciertamente delicada, cambiar de sexo por el simple hecho de que ya no logran ocultar su verdadera y profunda identidad. Se explica así la transexualidad tal como la conocemos en nuestros días. Antes del nuevo nacimiento, la entidad se ha mostrado muy indecisa sobre el sexo que encarnaría y ha programado en el último momento una especie de doble vida que, a costa de grandes peligros físicos y psíquicos, lograse satisfacer ciertas exigencias kármicas.

El nuevo sexo adquirido en la edad adulta hace que la persona se sienta más feliz y realizada por uno de los dos motivos siguientes: o representa el sexo de la última vida, en la que aún no era lo bastante madura como para abandonarlo, o es en realidad el nuevo, que al nacer se bloqueó por miedo u otras necesidades. No obstante, lo que los psicoanalistas llaman homosexualidad latente, debida al cambio de sexo entre una vida y la otra, se manifiesta en la mayoría de casos en una actitud pasiva, dulce, delicada e indecisa para los hombres (en la última vida mujeres) y agresiva, resuelta y áspera para las mujeres (en la última vida hombres).

Otro problema estrechamente relacionado con el cambio de sexo es el de la impotencia de los hombres y la frigidez de las mujeres. Además de ser causado por la exuberancia sexual de algunas vidas pasadas, que según la dantesca pena del contrapaso comporta ahora un rechazo o una incapacidad, puede ser la consecuencia del brusco cambio de la identidad sexual, que requiere evidentemente el empleo de capacidades e instrumentos que antes no eran necesarios. Por ejemplo, el nuevo varón no está preparado para el correcto uso de su órgano genital y la mujer que fue hombre experimenta una forma de frialdad e indiferencia porque se siente repentinamente «castrada».

El doctor Freud, padre del psicoanálisis, hablaba precisamente de «envidia del pene» por parte de numerosas mujeres. ¡No se puede ser envidioso si no se ha experimentado de alguna forma la ventaja material proporcionada por poseer o llevar el objeto o instrumento que suscitan envidia!

Genialidad y criminalidad no hereditarias

Llegamos ahora a la cuestión de las actitudes y comportamientos que no pueden atribuirse a factores hereditarios. Mientras ciertos rasgos de carácter entran dentro de lo normal, es decir, se refieren a gustos y capacidades que nada tienen de excepcional, aunque no corresponden ni al carácter de padres o abuelos ni a un tipo particular de educación o ambiente, no solemos preguntarnos sobre su origen real, sino que los atribuimos implícitamente a la relativa variedad de los seres humanos.

Pero hay unos casos para los que resulta obligatorio preguntarse la verdadera fuente u origen de cualidades o vicios que resultan tan pronunciados y arraigados, que caracterizan a unas personalidades únicas e irrepetibles.

Pues bien, tal como han observado muchos historiadores, los mayores genios y los mayores criminales han nacido de familias absolutamente anónimas y normales, que de generación en generación no han presentado ningún individuo «original» sino muchos casos de personas que han seguido la rutina cotidiana con pequeños vicios y virtudes. Entonces, nace repentinamente un individuo que desde los primeros años de su vida (este es para nosotros el aspecto más importante) muestra unas capacidades o unas perversiones excepcionales.

Es como si llevase ya dentro desde hace mucho tiempo estos rasgos de carácter y comportamiento, hasta el punto de que cualquier tipo de educación o de ambiente frecuentado no pueden hacer nada para frenar las ya presentes inclinaciones, si acaso las secunda o, al combatirlas, las obliga a manifestarse con toda su fuerza. En la mayoría de las personas, y por lo tanto también en los tipos muy normales, la cualidad o la pasión más fuerte emerge ya en la infancia y la primera adolescencia. Esto sucede con mayor claridad en los «superdotados», que no logran acallar esa voz que desde lo más profundo de su ser grita las ganas de imponer al mundo entero sus extraordinarias cualidades, a pesar de una posible timidez y un probable impedimento por parte de las fuerzas exteriores. Al respecto no se puede dejar de citar el clásico caso de Wolfgang Amadeus Mozart, capaz de crear unos nuevos motivos con instrumentos musicales ya en el primer lustro de vida. Sólo la existencia de aptitudes y habilidades adquiridas en una encarnación anterior puede explicar semejantes condiciones.

En efecto, nada se pierde y los cuerpos mental y astral son capaces de transmitir al cuerpo físico del nuevo encarnado unas características positivas o negativas que, aunque de manera distinta, habían sido del personaje de antaño. De todas formas, es evidente que la entidad debe escoger unos nuevos padres capaces de asegurar un mínimo de estructura genética, que pueda acoger de forma óptima los conocimientos adquiridos en la vida pasada, pues de lo contrario no se puede llevar a cabo esa especie de milagro viviente o de monstruo sin freno.

Muchos observadores se han dado cuenta de que genio y criminalidad o locura tienen a menudo algo en común, en el sentido de que el tipo de vida que llevan los individuos en cuestión se caracteriza por una conducta moral poco ejemplar, con actitudes de transgresión y falta de compostura en diversos campos. Dejemos de lado las reflexiones de trasfondo religioso, que, a pesar de ser interesantes, remitiéndose al árbol del bien y del mal de paradisíaca y bíblica memoria, llegan a reprochar al genio que haya querido ir más allá en la vía del conocimiento haciendo una especie de pacto con el diablo, cuando debía respetar la limitación de la razón humana, que nunca podrá ser igual a la sabiduría divina.

Tratemos, en cambio, de dar una explicación real de orden espiritual a la inmoralidad de genios y criminales. Su entidad ha querido vivir unas experiencias extraordinarias que la distinguiesen de todas las demás almas, y, además, quien ha logrado alcanzar unas cualidades excepcionales en determinados ámbitos ha tenido que descuidar el perfeccionamiento en el campo moral, que requiere por fuerza una paciencia particular que excluye temporalmente otros intereses. Cabe suponer que su yo individual ha escogido una vía larga y retorcida par alcanzar la salvación: experimentar primero las cimas del saber o las del mal y atesorarlas para avanzar posteriormente hacia la verdadera liberación de las tentaciones de la materia, tal vez a través de sucesivas encarnaciones que hayan sido la total negación de la genialidad y monstruosidad. Se formula así la hipótesis de un reencarnado de Mozart que avance aún más por la vía del genio artístico o bien decida ya poner fin a semejantes pruebas de superioridad llevando una vida anónima y obtusa.

Según un experto karmólogo (estudioso de la teoría de la reencarnación) de comienzos del siglo XX, Gino Trespioli (*Rincarnazione*, 1936), la prueba de lo que acabamos de expresar viene dada por el ejemplo de las personas definidas como buenas o santas, que suelen presentar una inteligencia o una cultura por debajo de la media.

El aparente contraste entre número de almas y aumento de población

¿Cómo se puede explicar el aumento de población si, como dice la doctrina del karma, cada uno de nosotros tiene una entidad individual propia que nada tiene que ver con todas las demás? ¿De dónde vienen los tres mil millones de entidades más que han hecho su aparición sobre la faz de la Tierra en los últimos ciento cincuenta años? ¿Cómo pueden las almas multiplicarse como si fuesen hormigas?

Según algunos científicos, la secuencia de los reencarnados debería contemplar un número de seres humanos siempre igual a través del tiempo, lo cual es imposible dadas las conocidas leyes de la reproducción y del aumento demográfico. Algunas personas que se consideran a sí mismas expertas en reencarnación, para resolver esta contradicción aparente de la doctrina, han llegado a formular la hipótesis de que una entidad o alma está presente en dos o más cuerpos al mismo tiempo (y este fenómeno sería típico de la Edad Contemporánea), lo cual explicaría el milagroso don de la ubicuidad (estar presente en varios lugares al mismo tiempo), del que tanto hablan algunos parapsicólogos.

La simultánea presencia espiritual en varios cuerpos físicos contradice las principales leyes del karma. El yo es absolutamente individual, y asume el compromiso de vivir en una única persona cada vez para llevar a cabo un determinado compromiso para el que pone en juego todas sus fuerzas.

El aparente contraste entre número de almas y aumento demográfico se debe, en cambio, a otro factor vinculado a los tiempos de la primera encarnación. Hay que decir de forma clara e inequívoca que cada yo existe desde tiempo inmemorial y no puede crearse repentinamente de un siglo a otro. Puede decidir más bien bajar por primera vez a la atmósfera terrestre en una época distinta de la escogida por otras entidades. En efecto, la entidad espiritual debe hallar el adecuado ambiente histórico y social para lograr iniciar el tipo específico de programa kármico que ha proyectado para su samsara, es decir, para el ciclo de vidas terrenales.

¡Hay quien comenzó en la prehistoria y quien aún debe comenzar!

Las almas que iniciaron su samsara cuando aparecieron los primeros seres humanos, que habitaban en las cuevas y se alimentaban de los animales cazados durante el día, querían vivir la experiencia extraordinaria del descubrimiento del planeta y de la dura lucha cotidiana por sobrevivir. El riesgo continuo, la relación directa con la ferocidad de la naturaleza salvaje, un régimen de vida incómodo y fatigoso, la tentación de matar de forma aún propia de los animales a los seres humanos pertenecientes a otras tribus..., esas eran las pruebas a las que decidieron someterse para plantear cierto karma y lograr disolverlo posteriormente. Hasta el Paleolítico se produjo este tipo de acercamiento de la realidad espiritual a la material, a través de una aventura peligrosa pero fascinante que permitió el descubrimiento del fuego y el uso de la piedra.

Posteriormente, la introducción de la ganadería y de la agricultura pusieron fin a la vida seminómada con los primeros asentamientos en pueblos. Ese fue el banco de pruebas de quien se encarnó por primera vez hace diez milenios.

Las entidades que comenzaron entonces querían ganar experiencia de forma muy distinta de las que les habían precedido en nuestro planeta. Se sometieron a un karma de tipo más social y laboral, debido a la ampliación de las relaciones humanas y a la explotación sistemática de la Tierra. Se crearon las primeras jerarquías sociales, que evolucionaron a unas comunidades en las que sacerdotes, brujos y escribas (administradores) tenían un gran peso: responsabilidad para ellos y necesidad de obediencia para los sumisos.

Más tarde, en la Antigüedad, después del nacimiento y la difusión de la escritura, se crearon las primeras civilizaciones avanzadas, como la griega y la romana. Iniciaron entonces su camino unas entidades deseosas de medirse con problemas de carácter político, cultural y religioso, sin contar con que el uso definitivo de la moneda en lugar del trueque (intercambio de mercancías) les sometía al karma de la posesión de dinero.

En cambio, las almas aparecidas en la Edad Media se midieron en seguida con el karma de la violencia religiosa, de la aristocracia explotadora y de la superstición.

La Edad Contemporánea ha visto el comienzo de quien tiene como misión individual la superación de las ventajas ofrecidas por la ciencia y la técnica. En particular, las almas que han escogido los últimos ciento cincuenta años para vivir su primera experiencia terrenal (un número considerable si pensamos en el enorme crecimiento de población en todo el mundo) aún no se sentían preparadas para pisar nuestro escenario, aunque ya se hubiesen alternado en nuestro planeta diversos grados de civilización. ¿Por qué esta elección? ¿Por qué sólo hoy, después de cinco mil años de historia y una miríada de prehistoria? ¿Por qué en un mundo tan poblado en el que parecen ir desapareciendo todas las fuentes de energía? ¿Acaso debemos pensar en una especie de arrogancia o de presunción, que hacía que las civilizaciones pasadas se considerasen insuficientemente avanzadas para recibir la aportación de quien desea medirse con algo verdaderamente complejo y grandioso? En realidad, estos miles de millones de entidades acaban de asomarse a la Historia para tomar a su cargo un karma más difícil y arriesgado, y, al disolverlo posteriormente, poder alcanzar un nivel más alto de espiritualidad.

Nos hallamos en una época de profunda degeneración moral, como habían profetizado los sagrados textos hindúes

(Kali Juga), que alcanza su cima entre el final del siglo XIX y el comienzo del XXI. Desde el punto de vista material tenemos todo lo que es posible desear, y la tecnología nos permite realizar unas operaciones impensables hace sólo un siglo. Especialmente los transportes y las comunicaciones han recibido un impulso excepcional, y nos permiten desplazarnos rápidamente con el cuerpo y con la mente de un lado a otro del planeta; ninguna comodidad nos está ya vedada, aunque en una parte del mundo la gente aún muere de hambre. Todo se ha vuelto electrónico y hemos llegado al punto de poder reproducir en un ordenador incluso la vida misma por medio de la llamada realidad virtual. Frente a este enorme progreso de origen material y cerebral parecen disminuir la bondad, la piedad, el altruismo, la religiosidad, la castidad y la justicia.

Evidentemente, hemos tenido que sacrificar el progreso espiritual, aunque este continúa de forma soterrada, sometiéndonos a tentaciones diabólicas más fuertes para lograr en el futuro triunfar de verdad. Así, las nuevas entidades encarnadas deben combatir con más fuerza el mal para poder salvarse.

Una última observación sobre la relación entre reencarnación y población: en el pasado enfermedades y catástrofes, en el futuro una menor natalidad en todo el planeta, contribuyen a frenar esporádicamente la entrada en el mundo de entidades que aún no han vivido la experiencia terrenal, o incluso a poner fin, en el caso de una reducción de la población global, al ciclo de reencarnaciones de las entidades que terminan de pagar su karma al alcanzar un nivel de madurez digno de la pura espiritualidad.

La verdadera identidad de nuestro inconsciente

Con el auge del psicoanálisis en nuestro siglo, ha entrado definitivamente en el lenguaje científico el término *inconsciente*. Según la clásica definición freudiana, se trata de aquella parte de nuestra personalidad que no logramos controlar por completo precisamente porque «no somos conscientes de ella»: conjunto de instintos y emociones profundas, deseos reprimidos e impulsos de origen animal.

La teoría del karma nos ayuda a entender mejor la verdadera identidad del inconsciente. En él se han sedimentado los residuos kármicos procedentes de las pasadas encarnaciones a través del cuerpo astral. También en este caso hay que recordar a los estudiosos de inspiración materialista que no se ha producido un traslado orgánico de materia cerebral de un cuerpo a otro capaz de reproducir las voluntades instintivas de la vida pasada, sino una persistencia de las características del cuerpo astral de la entidad alrededor del cuerpo físico, hasta el punto de condicionar ciertos rasgos del nuevo carácter.

Por lo tanto, en el inconsciente hallamos la raíz de ciertas pasiones que son consecuencia del tipo de vida llevada en la última experiencia terrenal. Como es natural, corresponde al consciente lograr controlarlas y gestionarlas, a fin de contribuir activamente a la disolución del karma, aunque siempre quedará una zona oscura cuya existencia permita olvidar el grueso de lo que hemos hecho en otras vidas con el único fin de concentrarnos al máximo en la presente existencia.

El libre albedrío y la falta de compromiso

¡Y sin embargo, seguimos siendo libres!

Hay algunas objeciones de trasfondo moral y religioso respecto a la doctrina del karma que siguen teniendo mucho peso en la opinión pública, en ciertos aspectos en mayor medida que las objeciones científicas.

Las religiones monoteístas y occidentales hablan de libre albedrío y, en general, la mentalidad europea y norteamericana, incluso más allá de los diversos credos religiosos, se basa en los dos conceptos complementarios de libertad y voluntad. «El hombre es libre de actuar como quiere, de seguir el bien o el mal, de construirse cierta existencia; no es el destino sino la voluntad lo que le lleva a vivir de cierta manera, y en definitiva se labra su propia fortuna libremente, sin ninguna predeterminación, con unos actos de voluntad que le permiten alcanzar los objetivos que desea.» En general, este punto de vista no admite la teoría de la reencarnación, que considera fatalista y portadora de cobardía.

En cuanto al problema del libre albedrío, la doctrina del karma no afirma en absoluto su inexistencia. El ser humano sigue siendo plenamente libre de programar cierto camino kármico y posteriormente, durante cada vida, modificarlo o rectificarlo según la situación y los nuevos objetivos.

De todos modos, cabe hacer una precisión: el mayor margen de libertad está presente antes de cada encarnación, en el momento en que el yo individual, teniendo en cuenta el karma que debe gestionar, decide su dharma, es decir, el tipo de vida que llevará. De todas formas, todo no está previsto en sus mínimos detalles, por lo que después del nacimiento el nuevo encarnado tiene la posibilidad de cambiar de nuevo, lo que recibe el nombre de destino, aunque no puede alterar las líneas maestras del mismo. Por lo tanto, existe un libre albedrío total en el ámbito del cuerpo mental y un libre albedrío relativo en el del cuerpo físico. Además, la voluntad depende también de factores emotivos y pasionales presentes en el cuerpo astral, que condicionan nuestro carácter desde el nacimiento.

Presunta inmoralidad de la teoría del karma

La acusación más fuerte que se lanza contra quienes creen en el renacimiento o convencen a los demás de su verdad es la de no querer esforzarse en la vida actual, y favorecer una actitud que tiende a dejar la gestión de los derechos y deberes para una existencia que no se dará. Ello comportaría, entre otras cosas, la supina aceptación de las injusticias del mundo, vistas como el fruto de los comportamientos individuales en las vidas pasadas (pena del contrapaso) y como base necesaria para un futuro invertido pero siempre inicuo.

Hay que reconocer que cierta forma de entender y divulgar la doctrina del karma genera una especie de falta de compromiso. Si sólo se tranquiliza a las conciencias diciendo que después de la muerte habrá otra vida, sin explicar la motivación de ese mecanismo, el riesgo de caer en la superficialidad y aplazar los propios compromisos se fortalece.

No obstante, el sentido real de la reencarnación se plantea contra cualquier tipo de falta de compromiso.

Si somos conscientes que renacemos para llevar a cabo un proyecto de salvación muy concreto, no podemos dejar de preocuparnos por hacer en seguida todo lo posible para salvar nuestra alma. Al mismo tiempo, la explicación de algunos hechos que nos ocurren sobre la base de los comportamientos observados en las vidas pasadas nos ayuda a no desesperar y a no clamar contra la ciega suerte. Es precisamente la conciencia de los errores cometidos y del dolor actual que estos comportan, lo que nos da la fuerza para cambiar de ruta y preparar un futuro más sereno. Desde este punto de vista, no podemos tolerar las numerosas injusticias, debemos colaborar en su eliminación para ser más justos nosotros mismos. Todo lo que hacemos por el bien de los demás se lo hacemos a nuestra alma, que logrará así disolver el karma y establecer las bases de una nueva vida más equilibrada. Este es el significado que los partidarios de la reencarnación dan al lema evangélico «Ama a tu prójimo como a ti mismo...», ya que él es tú mismo, es el espejo de tu karma y te ayudará a salvarte.

Función de la religión y de la legislación

Como ya señalábamos en el capítulo anterior, todo reencarnado de cualquier siglo y país tiene a su disposición un determinado credo religioso y un código civil y penal para lograr cumplir mejor su labor, que es precisamente la de respetar al prójimo para mejorar su propio nivel espiritual y proseguir de forma óptima el camino kármico hacia la salvación.

Ninguna religión, ni siquiera las que dicen condenar la doctrina del karma, se plantea en realidad como obstáculo a nuestra realización interior. Con sus mandamientos y sus ritos nos ayudan, según las costumbres específicas del pueblo en el que nos encarnemos cada vez, a disolver el karma que arrastramos desde las pasadas encarnaciones, pidiéndonos que adoptemos cierto modelo de vida (caridad, compasión, oración, adoración de lo divino, etc.) por nuestro bien más profundo.

Por ello, es errónea la actitud de quien ofende la religión de su país por sostener unas ideas equivocadas o ser sólo una forma de gestionar el poder de forma arbitraria. Todo tiene un sentido y una función en el mundo, y el espíritu del verdadero reencarnacionista es tolerar y respetar a quien no piensa como él.

También son muy importantes las leyes del país y los instrumentos de que este dispone para aplicarlas o impedir el incumplimiento de las mismas, aunque no hay que darles un valor de carácter espiritual. El código civil y penal debe respetarse en todas sus formas, especialmente por parte de quien, no creyendo en Dios, sólo puede hallar en él la guía y la inspiración de sus acciones terrenales. Si no hubiese unas órdenes que seguir y unas penalizaciones para quien no las respeta, nuestro karma podría acumularse en medida excesiva, con el riesgo de no poder hallar ya la vía hacia la salvación a causa de la enorme dificultad para aceptar sucesivas vidas de profundo dolor y completo arrepentimiento.

Una última duda que resolver: ¿nos arriesgamos a revivir como animales?

Tras examinar todas estas objeciones y dudas, a las que hemos intentado dar una respuesta desde el punto de vista reencarnacionista, debemos contribuir a deshacer un último y grave equívoco que hoy en día está muy difundido, sobre todo entre las personas que hablan de reencarnación con ironía o terror. Estamos hablando de un aspecto inquietante: el riesgo de volver a vivir como animales y no como seres humanos, sobre todo si nuestro comportamiento no es merecedor de continuar el camino humano.

Pues bien, una vez alcanzado el nivel humano ya no podemos sufrir una regresión, ya no podemos volver a vivir una realidad diferente de la nuestra. Las entidades deciden encarnarse diez o setenta veces a partir de seres humanos en el momento mismo en el que ya no quieren tener nada que ver con un tipo de vitalidad que nada aportaría a la empresa de alcanzar una espiritualidad superior.

El experimento del samsara, por arriesgado que pueda resultar, no puede absorbernos hacia un estadio de mayor materialidad. Ni siquiera quien se encarna como monstruo y comete las más bajas y malvadas acciones volverá a respirar como bestia; se castigará en la vida sucesiva con los mayores sufrimientos que pertenecen a la psicología de nuestra especie.

Por lo tanto, las expresiones del tipo «Si comes demasiado renacerás como cerdo» no tienen ningún sentido, como mucho sirven de estímulo para comer menos y, así, no sufrir problemas de salud en esta vida ni en la próxima.

Aunque podamos parecernos en el físico o en el comportamiento al animal más repulsivo, seguimos manteniendo en nuestro interior el germen de la humanidad y quizás algo más: esa chispa divina que, cultivada de la forma más idónea, puede llevarnos tras nuestro ciclo de encarnaciones a una fase «superhumana». En ese momento se producirá el encuentro con el alma Universal.

SÍNTOMAS Y PRUEBAS DE LAS VIDAS PASADAS

Introducción al método

No es posible conocer de forma directa las características de nuestras vidas pasadas. No hay unos datos seguros que lleguen a nuestra conciencia con el fin de darnos a conocer racionalmente lo que nuestra entidad ha experimentado hace cien, doscientos o mil años. Si fuese así, la vida actual resultaría muy distinta, con unos riesgos enormes de depresión psicológica y voluntad de aniquilación en los individuos poco resistentes a la... «verdad».

La ley del olvido hace que al renacer no recordemos las acciones realizadas y dirijamos toda nuestra atención a los problemas de la existencia que estamos viviendo, sufriendo y gozando a fondo los efectos del karma, para que podamos madurar de verdad con vistas a la existencia siguiente.

Sin embargo, nuestra mente puede indagar en los síntomas que nos ofrecen la posibilidad de comprender las motivaciones de alegrías y dolores con la identificación de los principales comportamientos observados en otras existencias, y sobre todo en la última vida.

La indagación es admisible sobre todo cuando ocurren unos hechos tan extraños que, si no encontrásemos una razón para ellos, nos arriesgaríamos de verdad a enloquecer. Por lo tanto, sin llegar a la verdad concreta de los hechos, que como hemos visto sería igualmente peligrosa, tenemos derecho a descubrir algo del pasado lejano, sobre todo el karma más negativo que arrastramos, para poder reforzar cierta dirección de nuestra vida actual que nos permita no volver a caer en los errores pasados y reencarnarnos con menos peso que soportar, en una atmósfera de mayor serenidad y espiritualidad.

Se trata de alcanzar, a través de la investigación de esos síntomas y de las pruebas indirectas del karma, ese grado de conciencia que nos permite vivir mejor, sin continuar persiguiendo unos deseos desviados y engañosos. Conciencia que se opone a «conocimiento» y «saber», porque no es el fruto de una presuntuosa búsqueda de la Verdad, con «V» mayúscula, sino de la progresiva toma de conciencia del nivel de madurez alcanzado por nuestro ser a causa de algunas decisiones tomadas.

Quisiéramos concentrar ahora la atención del lector en el término *síntoma*, que hemos decidido emplear para expresar el significado de esas manifestaciones sutiles, y no siempre fáciles de descifrar, que nos ofrecen la posibilidad de averiguar algo de las encarnaciones pasadas.

El síntoma representa determinado signo que se manifiesta en la realidad física o psíquica para hablarnos de algo muy importante que está sucediendo, que sucederá o que ha sucedido, y que produce ahora unas consecuencias más o menos graves en ámbitos o formas distintos de los de antes.

Se habla de síntoma sobre todo cuando se intenta entender qué trastorno concreto afecta a nuestro cuerpo. Por ejemplo, la fiebre puede ser un síntoma de intoxicación o de otra forma de degeneración de nuestro organismo. En psicología, la falta de voluntad puede actuar como síntoma de la «depresión».

Síntoma resulta adecuado para las características y los efectos del karma, precisamente porque nos hallamos ante algo que no aparece, ni quiere hacerlo, de forma clara, sino que debe identificarse siguiendo los indicios que pueden observarse en los fenómenos particulares. Se trata de fenómenos poco difundidos o de difícil interpretación, o bien generalmente muy estudiados pero desde una perspectiva y con una finalidad distintas de las que conviene adoptar para llegar a unos resultados interesantes.

Al análisis de estos síntomas, para comprender aún mejor y desde varios puntos de vista cuál es el karma individual, deberá añadirse luego el uso de instrumentos de indagación que se valen de técnicas psicológicas, médicas y esotéricas muy particulares y extraordinarias, como la hipnosis regresiva, el enfoque homeopático y la astrología del karma, capaces, si lo deseamos, de mostrarnos de forma cada vez más clara nuestro currículum espiritual. Sobre estos instrumentos volveremos en los capítulos siguientes. Por ahora, aclararemos cuáles son los síntomas cotidianos que deben vigilarse, y cómo interpretarlos de la mejor forma.

Las reminiscencias infantiles y adolescentes

Durante las primeras etapas de la vida cada uno de nosotros, pese al necesario olvido que se crea con la salida del vientre materno, vive ciertas sensaciones, ve ciertas imágenes, queda absorto repentinamente en algunos pensamientos, es atraído por determinados objetos que le recuerdan algo indefinible pero aún presente en la mente en forma de atracción o repulsión.

La frecuentación del cuerpo astral es aún reciente y la conciencia de las otras vidas que en él se han experimentado deja filtrar unos débiles rastros en la mente del niño y del adolescente.

En efecto, su cuerpo físico todavía no está tan maduro como para poder ser absorbido por completo por la vida actual. Es el escenario de una batalla muy intensa, y en ciertos aspectos arriesgada, entre el residuo mental de las acciones y de las escenas vividas en otras vidas y la firme voluntad de borrarlo todo e interesarse sólo por la realidad presente.

La naturaleza humana y la propia fuerza del karma tratan de crear un compromiso positivo entre estos instintos opuestos, hasta el punto de que en la mayoría de los casos se produce una mezcla entre las visiones de un pasado lejano y los deseos, las expectativas y los actos de voluntad de una existencia que se vivirá de forma autónoma y activa.

Sin duda, esta mezcla complica las cosas y no permite entender bien hasta dónde llega la reminiscencia y dónde empiezan, en cambio, la imaginación y la aspiración a algo nuevo por completo.

Lo cierto es que los niños, sobre todo los que aún no saben hablar, se sienten atraídos por imágenes, cosas y personas ante las cuales expresan extrañas formas de sorpresa o irritación mediante miradas o gestos. Luego, de forma repentina, incluso cuando pueden expresarse con el lenguaje verbal, les vemos absortos en inquietantes meditaciones que tienden a excluirles de la realidad presente (si se les llama no responden), como si estuviesen viviendo una escena perteneciente a un mundo propio. En ocasiones, un hecho de la realidad basta para activar un resorte interior que les lleva aparentemente a fantasear sin límites.

Otras veces, con el uso de la palabra, los niños expresan algunas convicciones que se refieren a su pasado o a un presente lleno de una fantasía que saca a la luz ciertas funciones o determinadas actividades que querrían desarrollar, por el simple hecho de que ya las han desarrollado. Frases como «Yo soy un pirata», «Quiero ser cochero» o «Nadie es tan rico como yo» dejan entrever algunas reminiscencias que han producido convicciones o ambiciones relativas a la vida actual.

Es posible, incluso, que se dé una retrovisión, es decir, una visión precisa de lo que se hizo en una vida pasada, y que se reproduzca textualmente con esa inconsciencia e impertinencia típicas del adolescente, aunque aderezadas con algunos elementos tomados del ambiente de la nueva existencia.

Al respecto se han recogido unas voces infantiles que, por ejemplo, sostenían ser la reencarnación de personas que vivieron en realidad. Es muy famoso el caso, divulgado por un periódico inglés de principios del siglo XX, de un niño de tres años que sostenía haber sido anteriormente mayor del ejército y que su vida, bastante larga, había concluido de forma trágica con un ahogamiento en un lago. El niño mencionó el nombre del mayor (Welsh) y describió la casa en la que vivió y los caballos que poseyó. Investigaciones rigurosas establecieron que no sólo el mayor Welsh había vivido de verdad de la forma y en el ambiente descritos por el niño, sino que también había fallecido en las circunstancias indicadas, en un repentino naufragio en compañía de una señora.

Lógicamente, los padres o los demás niños suelen interpretar todo esto como el fruto de una fantasía muy poderosa o de información recibida quién sabe cómo y memorizada con esa atención que sólo poseen los niños, debido a su frescura de mente. Una inconsciente malicia haría luego el resto... En definitiva, ¡los caminos de la incomprensión y el escepticismo son realmente infinitos!

A menudo, los recuerdos de un pasado lejano se traducen en preferencias por ciertos juegos o juguetes. En el personaje o en el papel que se interpreta en el juego está reflejada una antigua opción de vida; en la actividad laboral que inspira el juego, una profesión concreta ejercida hace siglos. Por ejemplo, la pasión y habilidad con que algunos niños construyen edificios con piezas de Lego o de mecano son la reminiscencia de las obras realizadas en el ámbito de la construcción en las existencias pasadas, como ingenieros o como albañiles.

Sin embargo, con mayor frecuencia los juguetes tienen un significado simbólico, es decir, son el símbolo de algo que fue vivido de forma muy intensa por la propia entidad en otras vidas.

Si alguien se siente atraído por el tren eléctrico, puede no querer decir que haya sido maquinista o jefe de estación, sino que en la última existencia tuvo que mudarse de casa con frecuencia por los motivos más dispares (incluso sin utilizar nunca el ferrocarril), lo que le producía la sensación de ser un nómada, de no estar nunca quieto, tal como hace el tren, que está siempre en movimiento, de una estación a otra, de un paisaje a otro, de un país a otro...

Los niños prodigio

Se han producido en los últimos ciento cincuenta años, en diversas partes del mundo pero sobre todo en Oriente, casos de personas muy jóvenes que han dicho o hecho auténticos prodigios. Testimonios orales y escritos reproducen fielmente lo sucedido.

En primer lugar, hay niños que saben efectuar operaciones profesionales o realizar actuaciones artísticas que normalmente sólo pueden hacerse después de un largo aprendizaje y en edad adolescente, como mínimo. De las matemáticas a la contabilidad, de la pintura a la música, de la artesanía a la ingeniería, estos niños prodigio han sorprendido a todas aquellas personas que han tenido la suerte de tenerlos cerca con unas demostraciones de habilidad o genio imposibles de atribuir a factores naturales. Evidentemente, se trata de una continuación del ejercicio de ciertas cualidades perfeccionadas en el transcurso de la última vida.

Por otro lado, hay casos de personas que de repente han empezado a hablar una lengua o un dialecto completamente distintos del de sus padres y su país; algunos niños, incluso, lo han hecho en lenguas antiguas o protohistóricas que ya nadie enseña. En Occidente, los casos más llamativos se han registrado con el latín, lengua que se habló durante muchísimos siglos en una gran parte de Europa. Se trata, por lo tanto, de un eco astral de palabras y frases verdaderamente pronunciadas en un siglo pasado y en un país quizá muy lejano del actual.

La única explicación alternativa podría ser la posesión diabólica, que según expertos exorcistas a veces también produce repentinas expresiones en lenguas desconocidas. Sin embargo, hay que decir que esto ocurre casi exclusivamente en individuos adultos, que son presa desde hace tiempo de manifestaciones graves que revelan una auténtica infestación por parte de las fuerzas del mal.

Una tercera casuística revela comportamientos observados en niños que demuestran una madurez psíquica y moral digna de individuos de cincuenta años. Además de una mirada particularmente seria y severa, estas criaturas llevan una vida de sensatez y moderación excepcionales, sin cometer la menor transgresión frente a los adultos; es más, exhortándolos en diversas circunstancias a adoptar actitudes más equilibradas y acordes con su edad. ¡Todo ello con cara de reproche y de intensa preocupación!

En ocasiones, de esas boquitas salen frases que comentan acontecimientos de la realidad social, política y religiosa que dejan de una pieza a padres y conocidos. ¿Cómo no ver en estos niños prodigio las huellas de una intensa toma de conciencia con respecto a su pasado kármico? ¡Prosiguen por una vía de salvación emprendida en la última vida, que requiere un gran compromiso moral y un continuo estímulo incluso respecto a las demás entidades que han permanecido a un nivel bajo de madurez espiritual!

Malformaciones físicas de los recién nacidos

Una clase muy particular y significativa de recién nacidos son los que presentan en su cuerpo ciertos signos o malformaciones congénitas de notable singularidad y magnitud.

Se trata de cicatrices que recuerdan heridas infligidas, huesos prominentes que parecen fruto de ciertos accidentes o movimientos incorrectos, mutilaciones en las extremidades y en los dedos que parecen el resultado de torturas u otras formas de violencia.

Existe también en este campo una casuística válida, que entre otras cosas documenta que en la mayoría de los casos no se ha producido una transmisión hereditaria de las citadas anomalías.

Valga el ejemplo de dos gemelos indios, Ramoo y Rajoo, que en 1964 nacieron con dos cicatrices paralelas en el pecho fruto del asesinato, sobre dos postes de tortura, cometido contra dos gemelos fallecidos tiempo atrás en un pueblo cercano, cuya reencarnación representaban de forma evidente.

Para evitar equívocos, debemos repetir lo que ya hemos dicho en el capítulo anterior: no son las mismas personas que vuelven a la vida, sino su entidad que entra en nuevos cuerpos. La aparición de cicatrices, mutilaciones o malformaciones se debe únicamente a la capacidad de los cuerpos mental y astral de dicha entidad para transmitir las consecuencias de las acciones realizadas o sufridas en la vida anterior. Si el cuerpo físico que se poseía antes ha sufrido un fuerte golpe, en algunos casos incluso mortal, se han creado las bases para tener unas señales de lo que sucedió en el nuevo cuerpo físico. Ningún yo puede volver a empezar, sino que debe experimentar las repercusiones de las cosas que le ocurrieron en el pasado, aunque en casos excepcionales puede manejar de forma distinta la ofensa recibida en el plano físico, traduciéndola a problemas de orden psicológico. Puede suceder, incluso, que un golpe recibido se transforme en energía positiva y constructiva si la entidad se da cuenta de los motivos kármicos que le obligaron a recibir esa herida.

Una condición extrema consiste en el renacimiento con graves discapacidades fisiológicas y psicomotoras. Muchos estudiosos han formulado la hipótesis del suicidio como trágica conclusión de la última vida. También a nosotros nos parece la explicación más lógica. La mayoría de las religiones politeístas y monoteístas condena el suicidio como el peor de los pecados. No podemos quitarnos voluntariamente la vida que nos ha sido dada por Dios.

También en el plano kármico, el acto es de una gravedad sin comparación, porque crea una deuda enorme que sólo será pagada con una serie de vidas caracterizadas por grandes sacrificios. De todas formas, no es fuente de condena eterna porque ningún yo individual comete errores imperdonables de verdad (ello significaría el fracaso de la operación de redención espiritual). El remedio resulta muy fatigoso, pero al final la entidad se da cuenta de la gravedad del error cometido, y ya no se deja absorber por el abismo de la desesperación.

Cuando una persona pone fin a su existencia usa instrumentos (armas de fuego o blancas, barbitúricos, salto al vacío, etc.), que conllevan una interrupción repentina de las funciones vitales. Todo el organismo queda trastornado, igual que cuando desenchufamos bruscamente un electrodoméstico y luego ya no se puede encender. Por eso se produce el renacimiento en un cuerpo malformado que ya no puede funcionar normalmente. Quien se disparó en la cabeza tendrá unas graves irregularidades de carácter cerebral, quien se precipitó contra el suelo ya no podrá mover piernas y brazos, quien se envenenó tendrá los órganos internos profundamente alterados, etc.

Las consecuencias de sufrimiento por la propia discapacidad son en realidad las únicas formas de poder pagar una penalización proporcional a la culpa. ¡Por desgracia, no hay otra forma de madurar de una vez por todas!

Síntomas durante la adolescencia

También la adolescencia se configura como una edad caracterizada por una serie de comportamientos de fuerte impronta del karma, con sensaciones o episodios que se relacionan con la última vida vivida.

Los psicólogos enseñan que la adolescencia configura la personalidad adulta a través de descubrimientos y problemas no siempre de trasfondo sereno, en ocasiones incluso a costa de traumas que marcan toda la existencia. Por ejemplo, en el ámbito sexual el descubrimiento de los propios órganos genitales y de su función puede ser vivido en términos inquietantes, en ocasiones dramáticos y perturbadores. Precisamente, la sexualidad adolescente es la que sufre el mayor condicionamiento por parte de acciones, escenas y emociones de otras existencias. El imaginario erótico, tanto en los chicos como en las chicas, se vale entre los once y los diecinueve años de sustanciosos estímulos procedentes del pasado lejano.

Aparte de que los posibles fracasos amorosos o sexuales de la vida anterior pueden crear las bases de una angustiosa inhibición, la imagen de la desnudez del sexo opuesto, capaz de turbar al adolescente y ponerlo en un estado de tensión erótica, puede derivar directamente de lo visto en las vidas pasadas y haber llegado a la mente actual a través del cuerpo astral. El adolescente busca cuerpos (reales o en fotografías, arte, cine, televisión...) que le recuerden inconscientemente los vistos de adulto en la otra vida. Así, los gustos son subjetivos porque distintas han sido las experiencias personales.

En el contacto concreto con el otro sexo, sobre todo durante la primera relación sexual, vuelven a ponerse en marcha unos mecanismos ocultos que se habían abandonado en los años finales de la última existencia, a menudo con el objetivo de mostrar, como hombre o como mujer, una habilidad y una espontaneidad dignas de un amante experimentado, capaz de conocer a la perfección las técnicas del arte amatorio. En cambio, los comportamientos embarazosos o de gran dificultad dependen, más que de la inexperiencia de ahora, del karma de excesivo libertinaje, que debe castigarse, o de la probada abstinencia debida a una castidad voluntaria y punitiva.

En definitiva, en el momento en que descubre la vida, el adolescente debe usar los medios de que dispone según su pasado kármico, y es frecuente que estos necesiten una especie de revisión justo por ser inadecuados para las necesidades actuales, que fueron programadas por la entidad antes del nacimiento.

Este razonamiento resulta válido para los estudios superiores, el mundo laboral, las distintas relaciones sociales y cualquier aspecto de la realidad. Aparecen así síntomas de hábitos pasados que se niegan a morir, perturbaciones que dependen de la dura y definitiva aceptación del cuerpo físico escogido para esta vida y de las personas con las que ahora nos vemos obligados a relacionarnos.

Los traumas internos se producen por el simple hecho de que nos hallamos frente a una realidad nueva y dolorosa que, a pesar de estar ya programada en el ámbito espiritual, sólo ahora se manifiesta en toda su crudeza, haciendo desaparecer los más bellos recuerdos kármicos de la infancia y los sueños que se habían tenido a partir de las más bellas experiencias de la pasada existencia. Es como si, de forma inconsciente, el chico o la chica advirtiesen que todo lo que está a punto de cumplirse es el fruto de un proyecto preciso que, a través del sufrimiento y las limitaciones de los instintos, logra borrar ciertos aspectos desagradables adquiridos bajo otra forma.

Quisiéramos refugiarnos de nuevo en nuestro cuerpo astral, o bien revivir la seguridad que sentíamos en la última vida. Sin embargo, ha llegado el momento ineludible de poner en práctica nuestro destino en la actual encarnación, meternos definitivamente en nuestro cuerpo físico para llevar a cabo lo que se ha decidido por el bien de la entidad. Por ello, los adolescentes, al contrario que los niños, en el momento mismo en que viven los últimos recuerdos de las encarnaciones anteriores, hacen todo lo posible para borrarlos y rechazarlos.

No obstante, ello conlleva inquietud, irritabilidad y desaliento; algunos se vuelven de repente más agresivos, tal vez para afirmar de forma definitiva su nuevo yo personal; otros se cierran al mundo exterior o se arriesgan a padecer esquizofrenia, enfermedad psíquica que obliga a debatirse entre dos personalidades.

El fenómeno del *déjà vu*

Con la entrada en la edad adulta, los síntomas del karma y de las vidas pasadas se hacen menos frecuentes pero paralelamente más claros y determinantes. Así, precisamente porque ya somos de forma irreversible la persona de esta encarnación y ninguna otra, todo lo que forma parte de otra dimensión es advertido con mayor conciencia y catalogado como un fenómeno de origen externo a la vida actual. Naturalmente, este tipo de fenómeno presenta unas características misteriosas, en torno a las cuales hay que indagar, pero se diversifica de forma considerable respecto a las experiencias y escenas vividas por primera vez en esta vida.

Déjà vu es un término francés que agrupa todas aquellas sensaciones de haber visto ya un lugar determinado o vivido cierta escena. Los fenómenos del *déjà vu* son fundamentales para la reconstrucción del ambiente y de las actividades de una existencia anterior.

A todo el mundo puede sucederle hallarse en un lugar del mundo y vivir la clara advertencia de haber estado ya allí, incluso hasta el punto de reconocer paisajes con notable certeza, o saber decir antes de verlo qué hay detrás de la esquina o dentro de un edificio. Esto suele ocurrir durante un viaje a algún país o región por los que siempre se ha sentido una particular atracción, aunque también se puede dar en las proximidades de casa o en ambientes de la propia ciudad.

Geografía de las vidas

Para entender mejor este mecanismo kármico hay que saber que la mayoría de nosotros ha vivido en las zonas más dispares del planeta antes de encarnarse en el país habitado en la actualidad. La visita de la entidad a todos los continentes y el nacimiento bajo la forma de los diversos pueblos (raza blanca, amarilla, negra, cobriza y parda, así se denominan respectivamente los europeos, los asiáticos orientales, los africanos, los indios americanos y los indígenas australianos) se deben a la necesidad de acumular experiencias muy distintas entre sí. Cada pueblo tiene cierto tipo de cuerpo físico, que va desde el color de piel y cabello hasta una típica conformación del rostro y el cuerpo, pasando por sus característicos usos, tradiciones y costumbres, desde la forma de comer hasta la de trabajar, rezar o celebrar las fiestas.

Las características de un pueblo en concreto le sirven a la entidad para llevar a cabo el proyecto kármico de una existencia determinada. Si una vida se desarrolla en permanente contacto con el aire libre, con medios de subsistencia precarios, rozando el umbral de la pobreza, con las dificultades que ello conlleva, la siguiente tendrá lugar en una gran urbe, viviendo de forma caótica y con los constantes obstáculos que es capaz de presentar la sociedad civil. Solamente con este brusco cambio geográfico el yo individual se dará cuenta, sobre la base de la comparación entre los diferentes mundos, de todos los posibles sistemas existentes para alcanzar un nivel espiritual superior.

Por eso, el racismo no tiene ningún sentido: si despreciamos a criaturas humanas que pertenecen a un pueblo que juzgamos inferior al nuestro, debemos saber que en la próxima vida nos encarnaremos precisamente en un representante de ese pueblo, tal vez también para castigar nuestra presunción. En el transcurso de nuestro ciclo de reencarnaciones nunca mantendremos un único tipo de cuerpo y nos daremos cuenta de verdad de que no existe un pueblo más bello, más hábil o más bueno que los demás.

De todas formas, una minoría de entidades prefiere no dar vueltas como nómadas de un lugar a otro del mundo, y se limitan a habitar en varios países del mismo continente o, en casos excepcionales, en diversas regiones del mismo país. Su tipo de karma no necesita hacer tantos experimentos de tipo corporal y ambiental, y se concentra básicamente en problemas relacionados con la esfera más profunda de la personalidad humana. Podríamos llamarlas almas perezosas, pero en ciertos casos su reto es dramático porque deben aprender precisamente a apegarse a una zona del mundo con espíritu de sacrificio y dedicación.

Volver a ver una ciudad

Cuando se llega a una zona del mundo que ya se ha visto, suelen vivirse dos clases de sentimientos opuestos: se siente enorme placer al regresar a la ciudad o a la población en la que se ambientó una de nuestras vidas más felices o emocionantes, o bien asalta una sensación de tristeza o rechazo en caso de que en ese ambiente transcurriesen unos días llenos de angustias o preocupaciones; también pueden surgir náuseas o terror si se han cometido allí unas acciones muy malvadas, que han acumulado un karma muy negativo y han obligado a sufrir en la vida sucesiva o en la presente.

La ciudad que nos vio como protagonistas de una vida feliz ofrece a nuestra mirada una serie de intuiciones llenas de alegría y vitalidad. Pasear por sus calles es como recorrer inconscientemente las vías de la vida ya vivida. Es posible, como ya hemos indicado, que se tome una calle sabiendo instintivamente que en ella se halla cierto monumento conocido. Naturalmente pueden haber pasado muchos siglos y, por lo tanto, haber cambiado muchas cosas, pero las calles principales continúan siendo las mismas y el centro histórico conserva muchos rasgos de antaño: una fuente, un palacio, un cruce de caminos. Además, aunque ya no esté aquella tienda de dulces o de embutidos, cuando llegamos al lugar en el que efectivamente se encontraba (hoy podría haber allí incluso un edificio ultramoderno), experimentamos una sensación familiar o atractiva, ¡casi nos parece percibir aún el aroma de antaño!

El mismo éxito podría experimentar el rincón de la ciudad en el que dimos el primer beso a la persona amada... Del mismo modo, sentiremos un escalofrío cuando pasemos delante de los lugares que nos procuraron miedo o aburrimiento...

¡Pueden ser muchísimas las reacciones respecto a un ambiente que nos proporcionó todo tipo de emociones y sentimientos! ¡Algunas personas se echan a llorar sin motivo aparente, otras no quisieran abandonar nunca más la ciudad después de pasar en ella unas horas!

¿Cuáles son los síntomas de un ambiente en el que se cometieron unas acciones inmorales o criminales o bien se padecieron unos sufrimientos físicos o psicológicos muy superiores al promedio de las propias existencias?

En general, en estos casos el simple nombre de la ciudad en la que se vivió tan mal produce una gran incomodidad. Basta con hojear un atlas o verla en un documental televisivo o en la fotografía de un periódico para aumentar la sensación de aversión, más angustiosa porque no existe un motivo racional. Posteriormente, se tenderá a criticar con aspereza cualquier cosa que tenga que ver con el país o la región de la que forma parte, tomando como pretexto el carácter poco hospitalario de los habitantes o bien un tipo de gobierno que no satisface los propios principios políticos o difiere en exceso de los del país de origen. Por supuesto, se hará todo lo necesario para no ir de viaje o de vacaciones a ese lugar, considerando que no merece ni siquiera una visita rápida.

A una bella señora milanesa, C.M., que nos ha contado su experiencia al respecto, le sucedió un fenómeno de este tipo con respecto a una ciudad de la Toscana, una localidad que, pese a estar en su propio país, pertenece a una región distinta. Desde niña le aterrorizaba la idea de tener que acudir a Lucca y cualquier referencia a este centro medieval de la Toscana occidental le resultaba del todo insoportable. Cabe añadir que en Lucca la señora no tenía ningún pariente fastidioso ni conocía ningún elemento actual que le pudiese causar problemas. Con el paso de los años, el sentimiento de aversión se hizo más profundo, de forma inexplicable, porque las demás ciudades toscanas, como Florencia y Siena, le habían parecido tan interesantes y atractivas que las visitaba a menudo con mucha satisfacción. Al regresar de un viaje al sur, su marido le propuso detenerse por fin en Lucca, pero al llegar a las inmediaciones de la ciudad opuso una decidida resistencia negándose a proseguir, porque le invadió súbitamente una sensación de gran terror.

En cambio, se nos cuenta un ejemplo positivo de revisitación de una ciudad en el libro *Di là dalla vita* de Giuseppe Costa, ingeniero que vivió en la primera mitad del siglo XX. Cuando era niño, Costa se sentía atraído de manera irrefrenable por un cuadro que estaba colgado en una pared de su casa que representaba la ciudad de Constantinopla. Se pasaba días enteros mirándolo fijamente porque le traía extraños recuerdos, que no podían pertenecer aún a su corta vida. La imagen de la capital del imperio de Oriente se asociaba automáticamente con otras imágenes más agitadas: soldados, barcos y banderas en un conjunto que se parecía mucho a una batalla. La primera confirmación de haber vivido en la época medieval una serie de batallas en primera persona en el área del Mediterráneo oriental la obtuvo tras una breve visita a la ciudad de Venecia, donde experimentó la sensación de haber pasado ya por allí, después de navegar arriba y abajo por los canales más característicos. En la noche de permanencia en la ciudad de la laguna tuvo un sueño en el que se veía navegando en medio del mar a la conquista del Asia Menor. La posterior visita a Constantinopla y la lectura de una biografía histórica en un archivo de Albenga (Savona) le ayudaron a entender que había sido un noble de la región del Valle de Aosta en el siglo XIV, que había participado en una expedición militar que había partido de Venecia y había llegado precisamente a Constantinopla. La conquista de esta última ciudad había representado el máximo resultado militar de aquella existencia, obtenido con valor, voluntad y un espíritu de gran lealtad caballeresca. Por eso, el síntoma que surgió en la vida del siglo XX no resultó nada doloroso, es más, estimuló a Costa a hacer más indagaciones sobre su preencarnado, de las que hablaremos más adelante. Si Constantinopla hubiese representado unos acontecimientos tristes o llenos de maldad, ¡probablemente Costa habría hecho todo lo posible por desprender de la pared de su casa aquella representación antigua que había evocado de forma milagrosa las escenas de su vida pasada!

Volver a ver una casa, un castillo, una tumba

El mecanismo del *déjà vu* puede llevar a reconocer un edificio aislado en mitad de una ciudad o en el centro de un valle, en cuyo interior se tuvo una experiencia de vida en el pasado lejano. Ya no se trata de recordar un paisaje, una ciudad o una calle, sino de reconocer de alguna manera la fachada de una construcción, su entrada, el hueco de la escalera de una casa, las escaleras que llevan a los pisos superiores, una sala, un balcón. El reencarnado vive la sensación de haber frecuentado ya el ambiente, aunque se hayan realizado grandes cambios en la construcción y se hayan transformado por completo la disposición de las paredes y la decoración de las distintas salas. Ello se debe a que la atmósfera de la casa ha quedado retenida en el cuerpo astral, y el simple regreso a aquel lugar hace revivir las emociones que se sintieron doscientos o setecientos años atrás.

Así, se pone en marcha en nuestra mente una serie de reflejos condicionados, es decir, que se crean en determinadas condiciones; en este caso, las que vienen dadas precisamente por el hábito adquirido en la otra vida de frecuentar aquella casa.

Si, por ejemplo, tenemos un poco de hambre, nuestro inconsciente nos hace ir precisamente en la dirección de la habitación que antes estaba destinada a la cocina. ¡Se han registrado casos de personas que sabían perfectamente cómo era la habitación incluso antes de entrar en ella!

El estado de ánimo que se tiene en el momento del reconocimiento va de la agitación al aturdimiento, de la alegría al espanto. En la casa revisitada puede haber pasado de todo, desde una larga historia de amor hasta una enfermedad mortal, acontecimientos felices o auténticas tragedias. Sin embargo, en general, nuestro destino no vuelve a llevarnos a los lugares en los que hemos sufrido demasiado, tanto porque una especie de sexto sentido nos impide alcanzarlos como porque no tendría sentido hacernos revivir un drama profundo, ¡dado que nuestra existencia ha sido ya programada con el objetivo de hacérnoslo olvidar del todo y proseguir por la vía de la salvación!

No obstante, ¡en casos excepcionales es posible que el *déjà vu* con respecto a un edificio en el que hemos sido protagonistas de un drama o de acciones cínicas y destructivas sirva en realidad para recordárnoslo, a fin de no volver a caer en los mismos errores de antaño! Revivir la atmósfera de entonces resultaría muy traumático, ¡pero para ciertos individuos sólo un trauma es capaz de cambiar a mejor la actual existencia vil y toda la cadena del samsara!

Al contrario, volver a ver lugares que sólo desprenden energía positiva tiene la función kármica de hacernos avanzar por el camino emprendido con más energía y convicción, ¡venciendo todos los motivos de ansiedad y angustia presentes en nuestra vida!

En ocasiones, debemos volver a una ciudad en la que hemos vivido o a una casa ya habitada por el simple hecho de que es necesario llevar a cabo el compromiso que allí habíamos adquirido. Así, por ejemplo, aunque nuestra entidad ha decidido reencarnarse en Europa y vivir el grueso de su destino en una ciudad del Viejo Continente, el viaje de trabajo o turismo a la ciudad americana, africana o asiática nos permite revivir las elecciones de una vida pasada y cerrar definitivamente un capítulo de nuestra historia del karma realizando algunas acciones que no habíamos tenido tiempo de efectuar. Basta con un acto de solidaridad con un ciudadano local, una atenta visita a aquellos monumentos que, por tenerlos al alcance de la mano, habíamos ignorado por completo, o un encuentro interesante y fructífero con una persona que tiene algo que darnos o que decirnos, para enriquecer nuestra experiencia espiritual precisamente en aquellos lugares que nos habían visto amar, trabajar y dormir en un pasado lejano. ¡Nada sucede por casualidad en la vida humana!

Las personas más afortunadas (¿hasta qué punto?) tienen el placer y el honor de sentir sus *déjà vu* dentro de palacios nobiliarios o espléndidos castillos. Ello les sucede a las entidades que encarnaron a personajes medievales de estirpe aristocrática o ambiente militar.

Es sabido que el castillo, la fortaleza o la torre se prestan mejor, al menos en Europa y en el mundo occidental, a historias llenas de misterio, pobladas de espectros y fantasmas de personas difuntas.

Por ello, quien regresa a un castillo frecuentado en otra vida se siente doblemente emocionado, porque está visitando un ambiente rico en principios mágicos y parapsicológicos, y, al mismo tiempo, porque siente haber pisado ya personalmente ese escenario.

Hay incluso quien ha decidido revivir de nuevo la mayor parte de la vida en el castillo de antaño.

Pero los fantasmas que pueblan los castillos europeos son restos de cuerpos astrales de entidades, que luego han decidido reencarnarse en lugares completamente distintos, a menudo viviendas nada grandes ni lujosas. De ahí la importancia del *déjà vu* para todos aquellos individuos que, viviendo en la ciudad, visitan un castillo famoso y descubren haber vivido en él una vida bastante distinta de la actual.

Ese es precisamente el caso de aquel Giuseppe Costa del que hablamos antes: al llegar al castillo de Verres experimentó unas sensaciones electrizantes, con reminiscencias súbitas del amor consumado allí con una mujer noble con la que, sin embargo, no pudo casarse. Fue este hecho el que le impulsó a buscar en los libros la verdadera historia de Iblet de Challant, su preencarnado, que había partido hacia Constantinopla precisamente para olvidar la desilusión sentimental.

Villas, palacios, ayuntamientos y construcciones grandiosas de cualquier tipo y cultura son los escenarios de fenómenos de *déjà vu* que se producen casi cada día en todo el mundo. A veces, escuchamos a personas que al regreso de unas vacaciones en el extranjero cuentan en seguida el episodio más perturbador de su viaje. En ocasiones se trata de falsas sensaciones, repentinas alucinaciones debidas al calor y a la tensión de los traslados (¡aunque también estas tienen algo que decir sobre el karma!), pero a menudo son relatos de retornos auténticos a lugares ya habitados, más o menos emocionantes según la intensidad de las antiguas acciones y el objetivo kármico del actual reconocimiento.

Un tipo de reacción física característica de los momentos del *déjà vu* en edificios suntuosos y monumentales es el desvanecimiento. Veamos un ejemplo: una bailarina de la Scala de Milán, justo antes del estallido de la segunda guerra mundial, visitó la capital de Egipto, El Cairo, para participar en una representación de extraordinario éxito. En espera de pisar el escenario del teatro de la ciudad, no pudo resistir la tentación de visitar una pirámide que se halla no demasiado lejos de la capital egipcia. Evidentemente, estaba pensando en una de esas visitas turísticas llenas de emociones de carácter artístico y cultural. Le esperaba, en cambio, una de las pruebas más importantes de su vida, un acontecimiento que ya no podría olvidar durante el resto de su larga existencia. Al llegar junto a la pirámide comenzó a tener la sensación de haber visto ya aquel rincón del país del Nilo, incluso de estar presenciando una escena ya vivida. Junto con algunos colegas superó la entrada de la pirámide y se adentró en una primera sala, que fue descrita por el guía turístico. Justo después de las palabras de este, arrastrada por un profundo impulso interno, la joven empezó a describir con todo lujo de detalles el tamaño, la forma y los rasgos artísticos de la sala siguiente. Los presentes pensaron que se trataba de una broma o una fantasía de la vivaz y locuaz bailarina, pero quedaron fulminados por el asombro al visitar la sala en cuestión, porque respondía perfectamente a la descripción escuchada poco antes. Para coronar el inquietante suceso, nuestra bailarina, después de mirar con estupefacción el ambiente que evidentemente la había albergado en una antigua existencia, perdió el sentido y cayó desmayada al suelo.

¡El desvanecimiento representa, probablemente, la única respuesta posible al repentino y traumático salto hacia atrás en el tiempo!

El *déjà vu* de los símbolos

No todo el mundo tiene la posibilidad o el destino de viajar por el mundo u otras zonas de su país. Hay personas que en la vida actual sólo logran hacer algunas excursiones y pequeñas salidas, conocen los pueblos cercanos y algunas ciudades de su región, ¡nada más!

Para ellas, es difícil, casi imposible, volver a ver lugares en los que han pasado al menos un día en otra vida, a menos, como ya hemos dicho, de que se hayan reencarnado en el mismo lugar. En la mayoría de los casos, su entidad ha programado una existencia alejada de la pasada, es decir, que no debe mantener ninguna relación geográfica y visual con las acciones y los escenarios de la otra encarnación.

Por lo general, este hecho sucede cuando debemos volver a empezar, iniciar un camino completamente distinto del emprendido en las pasadas vidas, olvidando por ello también el ambiente de un antiguo pasado y concentrándonos al máximo en la vivienda, el país o la ciudad que nos ve como protagonistas en la vida presente.

De todas formas, quien se halla en este punto de la evolución del karma puede experimentar otro tipo de *déjà vu,* no vinculado al lugar real sino a uno simbólico o a algunas circunstancias de la vida pasada que son revividas de forma similar, aunque en otra parte del planeta.

Surgen así sensaciones de *déjà vu* frente a pequeños ambientes, como casas, grutas, bosques u otros rincones bastante cercanos de la propia vivienda o localidad. Estos rincones del mundo pueden recordar por su forma o características aquellos otros lugares frecuentados en las últimas existencias. En nuestra mente se enciende entonces una especie de bombilla: nos parece estar aún allí, revivir algo que ya hemos visto bajo otros restos mortales. Por ejemplo, un buen árbol que da mucha sombra, bajo el que nos sentamos para refrescarnos en un día de calor estival, reproduce en su estructura el árbol que frecuentábamos hace doscientos o quinientos años. ¡Nos asalta una sensación de singular embriaguez, sentimos el éxtasis del retorno del tiempo que fue!

Se puede decir que algunos objetos o partes de paisaje que vemos con frecuencia en el transcurso de nuestra vida tienen un gran poder simbólico, es decir, son unos símbolos de situaciones que hemos visto o vivido en otras vidas.

Es bien sabido que la mente humana procede por símbolos, es decir, es capaz de entender la realidad a través de la conexión entre un determinado elemento y todo lo que la simboliza (objeto, persona, animal, palabra o acontecimiento natural). También para hechos que sucedieron en un tiempo muy lejano existen símbolos que aparecen hoy y nos permiten recordarlos y amarlos.

Lo que aconteció en otra existencia puede haberse transformado en una serie de símbolos durante la vida actual.

Cada uno de nosotros se siente fascinado por algunos símbolos particulares, de los que habla con frecuencia, que reconoce casi cada día en la realidad externa en forma de objetos, animales o productos artísticos y que vive de noche en sus sueños. Pues bien, nuestro fuerte vínculo con esos símbolos no es en absoluto casual, y no puede explicarse únicamente con ciertas tendencias psicológicas típicas de la persona encarnada en la actualidad.

La traducción de los símbolos a hechos acaecidos en otras vidas no resulta nada fácil, pues requiere toda una serie de conocimientos mitológicos y estéticos. No obstante, un mínimo de reflexión nos permite elaborar un poco más el significado del símbolo y llegar a identificar el grueso de las situaciones concretas vividas.

Por ejemplo, los símbolos de los animales nos remiten a decisiones que se tomaron en el campo alimentario o sexual. El perro que es nuestro compañero fiel puede ser el símbolo de algunas actitudes pasadas. Con mayor frecuencia nos impresionan objetos cuyo símbolo nos permite revivir algo importante: un gran jarrón nos devuelve a tiempos durante los cuales podíamos acceder a extraordinarias riquezas... Cuadros, joyas o adornos no se escogen al azar, ¡sino porque llevan de forma automática a nuestra mente imágenes de realidades intensamente vividas!

Los sueños kármicos

Otro contexto en el que cada uno de nosotros puede reconocer las huellas de acontecimientos y sentimientos de las vidas pasadas es, sin duda, el de los sueños.

El misterio de los sueños ha fascinado a los seres humanos desde la prehistoria y muchos estudiosos y adivinos se han afanado en proponer métodos de interpretación de las imágenes y escenas que vemos durante la noche, juzgándolas, según el tipo de enfoque, como presagios del futuro, reflexiones sobre el pasado o fórmulas que la mente usa para descargar los impulsos reprimidos durante el día y recargar las energías para los esfuerzos de la jornada siguiente.

La mayoría de los expertos está de acuerdo en que los sueños utilizan sobre todo símbolos, aunque en ciertas ocasiones hay comunicación directa con las personas reales, estén vivas o muertas.

Además, existen los sueños recurrentes, llamados así porque se repiten, con ligeras variaciones, en el transcurso de nuestra existencia. Estos sueños enfocan un problema que nos preocupa de forma particular; en determinados casos, incluso nos ofrecen la solución que debemos adoptar para recuperar la serenidad.

El sueño es una forma de hablar con nosotros mismos, en ocasiones de manera confusa y sumamente fantástica, pero siempre con una finalidad de construcción y regeneración de nuestras aspiraciones más profundas.

Algunos estudiosos, como el psicólogo Carl Gustav Jung, han identificado, además, una categoría de grandes sueños que se tienen durante la segunda juventud y la madurez. Se trata de producciones fantásticas que se valen de formas y colores de extraordinaria belleza y eficacia, que hablan de la función que hemos logrado asumir con la experiencia en esta vida y de su significado para nuestro camino espiritual. Se producen raramente, pero nos impresionan hasta el punto de pasar varios días o todo el mes siguiente en un estado de éxtasis y euforia.

¿De dónde provienen los símbolos, las escenas y las imágenes que caracterizan nuestros sueños? ¿Por qué algunos sueños se repiten con frecuencia, proponiendo una vez y otra un problema determinado? ¿Qué función del karma cumplen los grandes sueños?

En primer lugar, hay que explicar que cuando nos dormimos, tenderemos a aflojar las ataduras de nuestro cuerpo físico y nos volvemos a poner en contacto con el cuerpo astral. Todo ello sucede precisamente perdiendo conciencia, dejando espacio a aquellas fuerzas del inconsciente que durante la vigilia se retienen y acallan.

De esta manera, el contacto con el mundo astral nos permite absorber una forma de energía de origen kármico, es decir, destinada a situarnos ante los verdaderos problemas que arrastramos desde las pasadas encarnaciones. La energía produce en nosotros una serie de figuras, vinculadas a las más diversas realidades naturales, que nos hablan de nuestro pasado más lejano, aunque toman como pretexto algunos hechos o personas pertenecientes a la existencia presente.

No debemos subestimar que muchos de los sueños que tenemos son olvidados y, por lo tanto, no se registran en la conciencia. Entran en una zona de sombra (Jung la llama precisamente «Sombra») que, sin embargo, repercute con cierta intensidad en las decisiones de la vida cotidiana. Estos sueños que caen en el olvido se refieren a acontecimientos importantes de las otras vidas derivados de intensas emociones, que no deben ser recordados para no causarnos dolor o turbarnos. Nuestro inconsciente los conserva en gran secreto y los utiliza en las motivaciones emotivas que constituyen la base de las acciones futuras.

Los sueños, incluso los más banales, que son recordados justo después de despertar, son el fruto de cierta compenetración entre lo consciente y lo inconsciente. La conciencia traduce los impulsos astrales a un lenguaje simbólico que se asemeja mucho al de los mitos y se basa en los «arquetipos».

La palabra *arquetipo* es muy utilizada por la psicología analítica, es decir, la que se remite a las enseñanzas de Jung. Según este, el arquetipo es una imagen primordial, presente en el ánimo humano desde la noche de los tiempos, que habla de temas o problemas fundamentales para el hombre y que se refiere al sentido de la vida, el paso del tiempo, la maternidad, la muerte, el viaje, los dos polos masculino y femenino, etc.

Estas mismas imágenes han sido tratadas por las religiones, los mitos y las fábulas, pero sólo se encuentran en su pureza en los sueños.

Pese a pertenecer al patrimonio colectivo del alma humana, están presentes en forma e intensidad distinta en cada uno de nosotros.

Que un determinado arquetipo sea dominante en los sueños de una persona, mientras que en los de otra aparece poco, depende precisamente de las diferentes experiencias kármicas.

Puede decirse que, con el paso de las reencarnaciones, se ha hecho dominante en nuestro cuerpo astral un conjunto de emociones y sentimientos que se manifiestan en la fase nocturna bajo la forma de algunos arquetipos principales, o incluso de un único arquetipo dominante.

Por ejemplo, si soñamos reiteradamente con escenas en las que aparecen animales nómadas o cambios de casas o paisajes, quiere decir que hemos obtenido un karma que ha fortalecido el arquetipo del viaje. Todo ello puede haber sucedido, no sólo a través de decisiones y acciones concretas que nos han obligado a viajar mucho, sino también mediante cualquier otro tipo de experiencia material que nos ha permitido profundizar en el problema de la necesidad humana de trasladarse de un lugar a otro, de una época a otra.

Es posible que en uno o varios viajes de las últimas vidas hayamos vivido unos hechos un poco traumáticos, por completo olvidados y rechazados durante las horas diurnas, pero aún vivos y apremiantes en nuestro inconsciente, hasta el punto de reaparecer en forma de símbolos e imágenes durante el sueño.

El significado kármico de los símbolos oníricos

Para entender qué tipo de karma arrastramos, debemos estudiar cuidadosamente el significado de todos aquellos símbolos, a menudo complejos y confusos, que animan nuestros sueños, sobre todo los recurrentes. Estos últimos nos recuerdan las deudas que contrajimos durante el karma pasado, a veces torturándonos como un estribillo que nunca nos abandona.

Quien sueña a menudo con animales, pequeños o grandes, de cualquier especie, se enfrenta a un karma corporal. En las vidas pasadas, en particular las últimas o la última, esta persona dio una importancia considerable, quizás excesiva, al cuerpo y a todas sus funciones. Tuvo una vida sexual intensa, puede que con prácticas de cierta perversión, sobre todo si aparecen aves, reptiles, anfibios y crustáceos. Dio demasiada importancia a las cualidades de la propia especie, despreciando el cuerpo y el comportamiento de las otras, sobre todo si de noche sueña con monos, insectos y arañas.

Si se han tenido comportamientos abusivos con los parientes (hermanos, padres, primos, tíos...), estos se presentan en los sueños bajo la forma de ciertos mamíferos, como rumiantes, perros y caballos.

Quien tuvo problemas conyugales o con sus hijos (incluida la dificultad para tenerlos o partos numerosos) sueña sobre todo con felinos y aves de corral.

En el imaginario onírico, la mayoría de las personas que vemos no nos hablan de sí mismas o de individuos que no conocemos aunque vivan en nuestro tiempo, sino que simbolizan personas, realidades y cuestiones que pertenecen a otras épocas históricas, es decir, a las encarnaciones que hemos vivido antes.

En ciertos casos, el rostro de uno de los padres o de un amigo sirve para sacar a la luz hechos o problemas que acontecieron en la última existencia, que quedaron sedimentados en el inconsciente y que ahora vuelven a emerger adoptando los rasgos de una persona conocida en esta vida.

Sólo en casos excepcionales aparecen personas a las que conocimos de verdad en el transcurso de nuestras existencias anteriores. De estas visiones hablaremos más adelante.

¿Qué quieren decirnos sobre el pasado lejano los seres humanos que vienen a visitarnos en sueños con cara alegre o con mirada severa y funesta? Un primera interpretación pasa por examinar su manifestación como especies animales. Así, tanto las personas conocidas como los desconocidos presentan en sueños rasgos propios de animales. Ciertas bocas humanas adquieren contornos de picos, las piernas se convierten en patas, los cuerpos asumen rasgos toscos. Nos corresponde a nosotros recordar algunos detalles valiosos que los asemejan a determinados insectos, reptiles o mamíferos.

Así, el significado de ciertos cuerpos humanos nos remite al karma señalado por los respectivos representantes del reino animal, según las correspondencias ya vistas. No obstante, otros rostros no pueden asociarse con presencias de un reino inferior, y manifiestan en el recuerdo una belleza o una espiritualidad propias de ángeles u otros seres superiores.

Esto sucede sobre todo en el caso de los padres, los parientes más queridos, las personas amadas y los amigos íntimos. Todos ellos tienen algo que comunicarnos que, aunque se refiere a nuestro karma pasado, propone también ideas y recetas para lograr alcanzar una etapa más avanzada de nuestro camino espiritual.

Podemos afirmar que en el sueño dialogamos con la parte oculta de las personas que nos rodean a diario, ofreciéndonos valiosas indicaciones sobre lo que habíamos hecho en otras vidas y lo que deberíamos hacer en la actual.

Por ejemplo, el amigo querido que nos muestra una caja fuerte puede informarnos de que antes pasábamos mucho tiempo acumulando dinero, sin pensar demasiado en hacer el bien a los demás.

La madre que nos persigue afanosamente cuando estamos a punto de marcharnos nos recuerda nuestra antigua incapacidad de quedarnos en un lugar (por ejemplo, no asumiendo un compromiso laboral o sentimental), pero también la necesidad de cambiar definitivamente de ruta en la presente existencia.

¿A qué se refieren, en cambio, las imágenes oníricas que tienen que ver con la naturaleza inanimada? Estamos hablando de vegetales, minerales, casas, alimentos, ropa, objetos, instrumentos y medios de transporte. Todos estos símbolos no son sino la traducción de energías astrales que han heredado un karma de poder y posesión. Significan que se ha acumulado dinero, en ocasiones mucho, o se ha disfrutado de bienes inmuebles fruto de la explotación del medio ambiente o de la ocupación de un espacio excesivo. Y en especial se ha ejercido un poder considerable sobre otras personas, quizá de forma arbitraria y arrogante. El poder se ha alcanzado a través de un trabajo, a veces muy duro, destinado a procurar una cantidad desproporcionada de dinero; o bien mediante el trabajo de otros que ha redundado en beneficio propio.

Asimismo, esos símbolos hablan de una amistad que hemos afrontado con demasiada ligereza: numerosas personas a quienes hemos conocido en fiestas, reuniones y contactos sociales, de quienes de repente nos hemos alejado cuando nos han pedido un gran favor.

La interpretación de este tipo de sueños recurrentes atañe también a la vida política: esta puede haber adquirido un peso considerable, hasta el punto de desear ejercer un poder cada vez mayor y más directo, pasando por encima de los adversarios más aguerridos. Cualquier tipo de actividad se ha llevado a cabo de forma pública y con autoritarismo, hasta adquirir una fama superior a la normal, siendo el centro de atención durante mucho tiempo.

Por último, cabe mencionar los sueños en los que prevalecen otro tipo de símbolos, como las figuras geométricas, los números, los nombres, los colores o los fondos musicales. Nos hallamos ante indicios significativos de un karma de trascendencia, es decir, relacionado con el conocimiento superior, la espiritualidad y la relación con Dios o los dioses.

Viajamos mucho, estudiamos poco o demasiado, fuimos demasiado curiosos, desafiamos a la muerte, permanecimos solos, fuimos egoístas, rechazamos la solidaridad, nos dedicamos al ocultismo o a la magia negra, vivimos graves problemas de tipo religioso desde posiciones fanáticas o escépticas.

El karma en las pesadillas

A lo largo de nuestra existencia, además de los sueños recurrentes y los «grandes sueños», de los que volveremos a hablar más adelante, vivimos unas experiencias nocturnas, no muy frecuentes pero por desgracia inolvidables, que nos llenan de espanto y nos angustian durante varios días. Estamos hablando de las pesadillas, secuencias oníricas de imágenes que en ocasiones nos despiertan sobresaltados para no quedar completamente perturbados. Muerte, guerra, graves peligros, exámenes terribles, auténticas escenas de horror, sexo violento o perverso, otros hechos o personajes que afectan de forma negativa a nuestra sensibilidad.

Las pesadillas, sobre todo si se repiten varias veces en poco tiempo y son capaces de traumatizar nuestra psique, nos desvelan actitudes claramente ilícitas adoptadas en las vidas pasadas, especialmente en la última vida, frente a las cuales ya no podemos fingir ignorancia. Actuamos de forma cínica y despiadada, suscitando espanto u horror en las demás personas, aunque no llegamos por fuerza a robar o matar.

Por lo tanto, el cuerpo astral traslada a nuestros sueños esa energía negativa, que el cuerpo físico anterior al actual produjo con unas acciones malvadas.

El sufrimiento provocado por las pesadillas es el indicio de nuestras turbias pasiones de antaño, pero también constituye una señal de alarma que nos obliga a asumir ahora comportamientos de extrema prudencia respecto a las acciones insolentes, audaces y delictivas que pueden perjudicarnos a nosotros mismos, pero también, y sobre todo, a los demás.

En otras palabras, nuestro inconsciente avisa a la conciencia de que existe una dimensión trágica de la realidad de la que somos en cierta manera responsables. Actuando con compasión y respeto hacia los demás adquiriremos esa serenidad interior, que es capaz de vencer de una vez por todas las huellas terribles del karma pasado, propiciando únicamente sueños dulces y tranquilos.

El dharma en los grandes sueños

Los grandes sueños de la madurez cumplen una función muy concreta. Nos impresionan con sus maravillas, precisamente para que los recordemos mejor y meditemos sobre lo que quieren decir.

No se trata de esos sueños a menudo traumáticos o confusos típicos de la adolescencia y la juventud, en los que se deja sentir con fuerza el karma de las últimas vidas, precisamente porque no ha sido borrado por experiencias de la actual.

Los grandes sueños llegan justamente en un momento en el que deseamos hacer un primer balance psicológico y espiritual de nuestra existencia actual. La conciencia, durante el día, y con mayor frecuencia por la noche, se pregunta si las cosas han ido verdaderamente como se habían proyectado en el delicado paso de la infancia a la juventud, aunque los resultados no se puedan relacionar de forma racional con los de otras vidas. Y la respuesta llega precisamente de noche, cuando la mordaza de la conciencia se afloja y nuestra verdadera individualidad puede emerger sin problemas.

Los personajes, animales, escenarios y palabras de los grandes sueños nos hablan de nuestro dharma, en definitiva, de qué hemos hecho para borrar el karma y qué nos falta hacer todavía para llevar a cabo nuestra tarea.

El sentimiento de satisfacción y alivio que sigue a un gran sueño se debe, sobre todo, a la sensación de haber alcanzado buenos resultados en esta vida por la vía del camino espiritual. Como es lógico, quien ha vuelto a caer en los errores de las anteriores existencias no conseguirá obtener este beneficio de las experiencias oníricas de la mediana edad, y recibirá la última señal de alarma de esta vida para cambiar por fin la forma de actuar.

Lo que cuenta es entender el símbolo principal del sueño y estudiar bien el comportamiento que nos muestra para reaccionar finalmente, de palabra o de obra.

Como ejemplo, examinaremos un gran sueño que tuvo el propio Jung hacia los cuarenta años de edad, justo después de la ruptura definitiva con su maestro Freud: «Estaba en una región francesa cerca de Arles, donde hay una fila de sarcófagos que se remontan a los tiempos de los Merovingios. En el sueño venía de la ciudad y veía delante de mí un sendero con una larga fila de tumbas. Se trataba de pedestales con placas de piedra sobre las que yacían los muertos. Me recordaban los monumentos de las viejas iglesias donde los caballeros yacen tendidos con sus armaduras. Los muertos del sueño yacían con sus trajes antiguos y las manos juntas; pero no estaban hechos de piedra, sino que parecían momificados. Yo permanecía inmóvil delante de la primera tumba mirando al hombre muerto, que era una persona de entre dieciocho y treinta años. Observaba con interés su ropa cuando de repente se movió y volvió a la vida. Había separado las manos porque yo lo había mirado. Aunque experimenté una sensación de extremo malestar, proseguí hacia otro cuerpo. Se trataba de un muerto del siglo XVIII. También con este ocurrió lo mismo: en cuanto lo miré volvió a la vida y movió las manos. Recorrí toda la fila hasta que llegué ante un cruzado del siglo XII que yacía con su cota de malla y las manos juntas. Su figura parecía esculpida en madera. Lo miré largo rato y pensé que estaba muerto de verdad. Pero de repente vi que un dedo de su mano izquierda empezaba a moverse lentamente».

Los seguidores del psicólogo han realizado una interpretación sumamente válida de este sueño en clave de psicología analítica y con funciones de reconstrucción de la verdadera personalidad de Jung.

Sin embargo, a nosotros nos interesa el significado kármico, es decir, el sueño como prueba adicional de que Jung había vivido ya unas experiencias terrenales y de que mientras dormía estaba meditando inconscientemente sobre su karma y sobre lo que había hecho para disolverlo en la primera parte de su existencia.

Así pues, las figuras y los acontecimientos de la secuencia onírica deben revisarse en clave simbólica, pero no en la que pertenece a la psicología sino en la propia de la ciencia espiritualista.

Aunque Jung era suizo, en las otras vidas su entidad pudo haber frecuentado Francia con cierta asiduidad. Sin embargo, lo más importante es entender qué vio realmente en el sueño de todo su karma pasado. A primera vista destacan dos elementos decisivos: tumbas y monumentos, que pertenecen, como ya hemos visto, al karma del poder y la posesión. Mientras que una casa o un objeto recuerdan un poder ejercido sobre un número limitado de personas, los monumentos hablan de uno público, y en el caso de las tumbas, de poder de decisión sobre la vida y la muerte de muchas personas.

La presencia en el sueño de armaduras y soldados confirma que en un pasado lejano la entidad del psicólogo suizo se había encarnado primero en un guerrero y posteriormente, varias veces, en un jefe político y militar. Ello debió suceder también en la última existencia, en el siglo XVIII, de su yo (realidad confirmada por algunos elementos de su horóscopo), pero de forma más cínica y menos noble, en nombre de una fanática fe religiosa. Esa es la notable función que tiene en el sueño el cruzado; la madera de la que está hecho lo distingue simbólicamente de todos los demás muertos y, al mismo tiempo, lo borra con mayor fuerza del propio pasado espiritual.

Hemos dicho que el gran sueño habla de dharma más que de karma; en definitiva, hace un balance de esta vida respecto a las pasadas. Para entender el balance del yo de Jung a los cuarenta años, debemos concentrarnos en su forma de actuar frente a las momias y en la posterior reacción de estas. Al verlas, él experimenta una profunda angustia porque reconoce ciertos excesos de las vidas pasadas, aquella antigua voluntad suya de imponerse incluso a costa de sacrificar unas vidas. En su vida actual le parece haber proseguido por la vía del fanatismo, siguiendo las ideas de Freud, demasiado materialistas. Lo que cuenta es, en cambio, la espiritualidad de la psique, atestiguada por el alma presente también en los muertos que mueven las manos ante su mirada. Así pues, es el momento de cambiar de ruta en la propia vida y en el progreso de la psicología, ¡a fin de disolver ese karma de muerte que la entidad de Jung arrastra desde hace siglos!

Viajar a otra vida con el sueño astral

Ya hemos mencionado la posibilidad de realizar durante el sueño un auténtico viaje astral. No se trata de entrar en contacto con nuestro cuerpo astral y volver a absorber sus pasiones, para luego traducirlas a imágenes producidas por el cuerpo físico, sino de abandonar por completo este último y participar en la vida que se desarrolla en el plano astral; por ejemplo, encontrándonos con las otras entidades y moviéndonos por el tiempo y el espacio como si no existiesen.

Estos sueños de traslado no son demasiado frecuentes, debido a la necesidad del karma de permanecer de alguna forma prisionero del cuerpo físico elegido en esta vida. No obstante, cuando se producen, nos permiten conocer algunos elementos de la realidad espiritual que la ciencia y la mísera razón suelen pintar como absurdos e inexistentes, fruto sólo de una fantasía enferma.

Ante todo, podemos comunicarnos con los seres queridos que han fallecido recientemente y que, por lo tanto, no han regresado al nivel del cuerpo mental y la pura entidad. Los reconocemos por su sonrisa, es decir, por la dimensión menos carnal y física de su personalidad, aunque ya no vemos su cuerpo y, al tocarlos, no percibimos su consistencia material.

También podemos encontrar a otras personas que hemos conocido en esta vida, o bien comunicarnos con el cuerpo astral de alguien que aún está vivo y que tal vez habita en la otra punta del planeta.

Podemos incluso ver acontecimientos que se producirán en el futuro, cercano o lejano (sueños premonitorios), en nuestro cuerpo físico o en el de personas queridas.

Lo que más nos debe interesar es la posibilidad de viajar en el tiempo para revivir escenas y situaciones de la última vida. En algunos casos, las fuerzas del plano astral nos lo permiten precisamente para entender mejor las antiguas motivaciones de algunas decisiones actuales.

Así, por ejemplo, podemos revivir una escena ocurrida en realidad trescientos años atrás, con trajes de época y casas o paisajes propios del lugar donde tuvo lugar. Y podemos hablar con sus protagonistas, en una lengua que ahora nos es extraña.

De este modo, algunos rostros que creemos desconocidos pertenecen a individuos que hemos conocido en existencias pasadas. Como es lógico, ellos no tienen nada importante y urgente que decirnos, aunque su reaparición puede activar en nosotros un nuevo conocimiento del karma que arrastramos, impulsándonos a reconstruir nuestro pasado lejano y a preparar un futuro mejor.

Naturalmente, estas visiones nocturnas de otra dimensión temporal no son frecuentes y las viven sobre todo personas que de verdad necesitan este salto al pasado para recuperar energías y modelar de forma óptima el destino presente.

El «regreso al futuro» (tal como sucede en la serie cinematográfica de éxito interpretada por Michael J. Fox) que se lleva a cabo al despertar puede presentar notables riesgos, entre ellos una especie de leve esquizofrenia (desdoblamiento de la personalidad) debido a la nueva ambientación en el cuerpo y a la atmósfera de esta encarnación.

Escuchar en sueños a las entidades elevadas

Un número muy restringido de mortales puede acceder en sueños a un plano superior al astral.

Por lo general, quienes pueden llegar tan arriba ya han demostrado en el transcurso de su vida que actúan de forma virtuosa, han disuelto el grueso de su karma y esperan una señal de las entidades más elevadas para alcanzar definitivamente la salvación espiritual. Así, se producen auténticos encuentros entre el alma de quien duerme y entidades puras, pertenecientes a altas esferas espirituales, capaces de mostrarse en forma de Luz. Las entidades, nunca antes conocidas por el encarnado, hablan de temas sumamente nobles, ofrecen sugerencias para resolver los problemas residuales del durmiente y le animan con mucha dulzura a proseguir por la vía emprendida, haciendo rápidas alusiones al karma pasado y a su superación. Por desgracia, al despertar no se recuerda bien lo que ha sucedido, pero se vive en un estado de profunda serenidad, fruto del encuentro que ha tenido lugar, con la resolución efectiva de los problemas a nivel inconsciente, tanto que las próximas decisiones existenciales serán automáticas y siempre en la dirección indicada durante el sueño.

Los miedos irracionales

También en la edad adulta la mayor parte de los seres humanos experimenta unas sensaciones que no tienen ninguna motivación de orden racional y que alcanzan en ocasiones tal intensidad, que perturban o desmoralizan incluso a las personas con mayor autocontrol y paciencia. Se trata sobre todo de miedos incontrolables que vuelven a emerger repentinamente por causas o pretextos bastante banales.

En general, son elementos naturales, animales, alimentos y objetos los que suscitan en el individuo un sentimiento de aversión, temor o rabia. Algunos de estos trastornos han sido ya ampliamente explicados por la psicología y el psicoanálisis, como, por ejemplo, la claustrofobia (miedo a los lugares cerrados) y la agorafobia (miedo ante los espacios al aire libre). Se han proporcionado unas explicaciones relacionadas con traumas infantiles o con predisposiciones psicóticas y neuróticas de trasfondo afectivo o sexual.

En realidad, la claustrofobia es el fruto de una reciente existencia pasada durante la cual estuvimos obligados a pasar demasiado tiempo en locales oscuros y angostos, que ahora provocan precisamente un profundo rechazo. En cuanto a la agorafobia, se vivió a menudo al aire libre, con una vida de tipo seminómada, quizá por motivos de trabajo, y en consecuencia el hecho de frecuentar lugares públicos o expuestos a la intemperie crea una profunda angustia en quien sufre este trastorno.

Las fobias más difundidas se refieren sobre todo al agua y al fuego. Hay quien se lava con esfuerzo, quien experimenta una fuerte ansiedad cuando ve fuentes, grifos, ríos, pozos y canales, o bien grandes masas de agua, como lagos y mares. Significa que estuvo a punto de ahogarse o se ahogó, o bien que se enfrentó a otros graves problemas ocasionados por el agua. Incluso la lluvia puede vivirse con terror si la persona fue víctima de inundaciones en otras vidas.

En cambio, quien evita «bromear con el fuego» ha sufrido incendios de diverso origen y consideración o bien ha tenido demasiada relación con fuentes de calor. También es frecuente el miedo a las armas (antiguos heridos o muertos en duelos y batallas), a los medios de transporte (accidentes varios) y a algunos animales molestos o mortales, como insectos y ratas, típicos de existencias vividas entre la suciedad y la miseria.

Encuentros y reconocimientos kármicos

Ahora afrontamos un tema de indudable fascinación pero al mismo tiempo impresionante, que sin duda alguna estremecerá a más de un lector.

Hemos visto en este capítulo que podemos volver a lugares en los que ya hemos habitado, revivir en sueños escenas ya ocurridas o experimentar emociones que son consecuencia de dramas que nos han marcado profundamente en otras vidas. Incluso la capacidad de realizar ciertos trabajos depende del perfeccionamiento de ciertas aptitudes adquiridas en las últimas existencias.

¿Y las personas que nos rodean? Llegados a este punto, es lógico preguntarse lo siguiente: ¿se trata de encarnaciones de entidades a las que ya hemos tratado, o bien representan una única e irrepetible novedad que se incluye en el destino de esta vida?

También al respecto hay síntomas y pruebas que nos indican que algunas personas a las que tratamos a diario por los más diversos motivos (amor, trabajo, salud, vecindad, parentesco, etc.), no son sino una nueva manifestación de entidades que ya hemos conocido en otras existencias y con las que hemos compartido alegrías y dolores.

Respecto a los encuentros kármicos, hay una teoría que sostiene que todas las personas que encontramos en esta vida, incluso el quiosquero al que vemos cada mañana o el vendedor ambulante con el que tropezamos una sola vez en la vida en un barrio desconocido, son encarnaciones de alguien al que conocimos en un pasado lejano. Esto es matemáticamente imposible, porque hay entidades que se encarnan por primera vez en el tiempo en que estamos viviendo. De todos modos, se puede afirmar que la mayoría de las criaturas humanas que mantienen con nosotros una relación bastante profunda reencarnan a personas que han recorrido a nuestro lado parte del camino de reencarnaciones del último milenio.

Quiénes fueron los padres

Empecemos por los primeros años de vida y analicemos, encuentro tras encuentro, qué puede haber de kármico en las personas que nos rodean. Examinemos en primer lugar la figura de la madre, ese ser que representa para el hijo una especie de indiscutible divinidad, porque le ha dado la vida y le ofrece amor.

¿A qué se debe en realidad la necesidad de la madre de protección, un espíritu de sacrificio capaz de preferir la propia muerte a la del hijo, su devoción absoluta incluso cuando este no se comporta de forma ejemplar y la hace sufrir? La llamada de la sangre no es suficiente explicación, entre otros motivos porque se trata de un resorte demasiado egoísta para superar cualquier obstáculo que se presente.

En realidad, la madre siente que ha adquirido una especie de gran deuda con su hijo. En otra vida, a menudo la última, las dos entidades ya se conocían, aunque ejercían roles distintos. La hipótesis más lógica nos llevaría a pensar que el hijo de ahora fue la madre de entonces, y la madre de ahora, el hijo. Sin embargo, en la mayoría de los casos no es así, precisamente porque la cadena de las encarnaciones procede de forma poco repetitiva y está abierta a experiencias siempre nuevas, para enriquecer la espiritualidad de cada persona. Por lo tanto, la madre y el hijo de ahora pudieron haber sido antes hermano y hermana, amigo y amiga, mujer y marido, patrón y empleado. Lo importante es entender que uno de los dos le dio al otro mucho más de lo que recibió, y en esta encarnación se intenta de alguna forma equilibrar la suerte.

Así, si la madre está dispuesta a sufrir por el hijo y soporta sus travesuras y posibles malas acciones, lo hace porque en lo más hondo de su ser sabe que es la única forma que tiene para borrar su karma, devolviendo a esa entidad lo que le había quitado.

Recordemos a nuestra madre cuando nos acariciaba de niños o se desgañitaba intentando hacernos entender algo, y volvamos a mirarla ahora que, tal vez envejecida y cansada, renuncia a muchas comodidades en nuestro favor, para que podamos vivir con un mínimo de bienestar y tranquilidad. Pero, ¿qué la lleva a actuar así, si no es la necesidad de mantenerse fiel a una tarea que se asignó antes de nacer? Sus ojos enrojecidos que se dirigen hacia nosotros piden aún, paradójicamente, un poco de piedad por el mal comportamiento que nos mostró hace doscientos o trescientos años.

El padre suele encarnar una figura más huraña, menos disponible que la madre, básicamente por motivos de carácter laboral, pero también porque representa esa justa dosis de autoridad que necesitamos. Es cierto que en su comunicación con la hija suele utilizar un tono más dulce y confidencial, pero tampoco con ella existe esa relación casi carnal que mantiene la madre, que empieza con la lactancia y se muestra en una asistencia propia de enfermeras cuando el hijo está enfermo o deprimido. Evidentemente, el padre no llegó en el pasado a compartir con el hijo o la hija esa relación tan profunda de la que hemos hablado. Tuvieron funciones distintas y, pese a conocerse, no llegaron a establecer créditos o débitos particularmente acentuados. Sin embargo, como es natural, pueden existir excepciones.

Pudiera ser que en otra vida la entidad del padre encarnase una figura subalterna al hijo, quien le daba órdenes y lo trataba con cierto aire de suficiencia. O bien la relación pudo haber sido paritaria, aunque basada más en el respeto que en la auténtica amistad.

Por último, en otros casos, si en la existencia actual surge una forma de extraña competición entre padre e hijo y las dos respectivas visiones del mundo son muy distintas, no puede excluirse la posibilidad de que en el pasado los dos fuesen ya antagonistas. Ahora han decidido continuar el amable desafío, pero bajo el marco de un vínculo de sangre que impide un odio acérrimo y les reeduca en la convivencia civilizada.

Como decíamos, pocas relaciones entre padre e hijo igualan en intensidad a la que existe entre madre e hijo, pero cuando suceden, sobre todo entre ciertos padres y ciertas hijas, los vínculos son tan estrechos y el afecto tan profundo que sorprenden. Hay hijas tan ligadas a la figura paterna que llegan a enamorarse de un hombre más mayor que ellas porque de alguna forma sustituirá al padre cuando este ya no esté. Esto sucede a menudo porque en la vida pasada esa hija era una persona con un excesivo instinto paternal o maternal, mientras que su padre podía ser perfectamente un hijo rebelde.

En conjunto, se puede afirmar que las entidades de nuestros padres, al menos en otra vida, si no en varias vidas pasadas, estuvieron implicadas junto a nosotros en hechos existenciales muy importantes para nuestro destino, cumpliendo funciones distintas de las actuales pero igualmente decisivas.

Algunos estudiosos de la reencarnación han propuesto el concepto de camino paralelo de las entidades de los actuales padres e hijos, que estarían destinados a reencarnarse varias veces juntos para llevar a cabo un proyecto espiritual común.

De todas formas, hay casos, pocos a decir verdad, en los que las entidades de los hijos nunca han conocido antes a las de los padres. Es lo que ocurre, por ejemplo, con las encarnaciones de quienes nunca se han encarnado antes y las de quienes, a pesar de haberse encarnado ya, no han convivido con los padres, aun poseyendo un karma análogo, en el sentido de que han tenido experiencias similares en las vidas anteriores, pero no han visitado nunca el mismo lugar al mismo tiempo.

Así, el cuerpo astral de la entidad busca unos padres adecuados para su nuevo destino, que sean simplemente portadores de un karma similar, capaz de producir ahora cierto tipo de carácter. Es como si las tres entidades, la del padre, la de la madre y la del hijo, decidiesen ayudarse mutuamente para lograr resolver problemas que se parecen. En definitiva, la unión hace la fuerza, como suele decirse, y en un futuro, si funciona, esta especie de sociedad podría continuar bajo otras formas terrenales.

En resumen, los actos de amor que vinculan a los miembros de una familia nunca están causados únicamente por la relación biológica. Se trata de una fuerza mucho más profunda, de naturaleza puramente espiritual, que actúa con unos fines de purificación que van mucho más allá de los límites temporales y espaciales de los antepasados y los descendientes.

Quiénes fueron los compañeros de colegio y de trabajo

Una famosa canción italiana dice «Compañeros de colegio, compañeros de nada...», para subrayar la dificultad de mantener una relación serena y de igual a igual con los compañeros de estudios cuando estos acaban, en la edad adulta. En realidad, los chicos y las chicas que conocemos en los pupitres del colegio o en el instituto, y que en ocasiones nos acompañan del parvulario a la universidad, no están destinados a ocupar las sillas de las aulas junto a nosotros por pura casualidad, y si posteriormente se revelan como adversarios o falsos amigos en el trabajo o en la sociedad, es por el tipo de relación que nos unía a ellos en una vida pasada.

Nuestros compañeros de colegio fueron en un pasado lejano unos granujillas junto a los que organizamos gamberradas ruidosas y violentas, o bien de mayores acciones poco honradas, fruto de la avidez, la codicia o la mezquindad. En algunos casos, decidimos junto a ellos ignorar o rechazar conocimientos lingüísticos, técnicos o científicos. En otros, la relación se basó en engaños y desprecios mutuos, destinados ahora a traducirse en una nueva y molesta rivalidad para acaparar una buena nota o aprobar un examen. Con frecuencia, el primero de la clase encarna la entidad de una persona que fue humillada y despreciada por nosotros. El hecho de volver a encontrarnos ahora juntos en el ambiente escolar se debe a la necesidad de «aprender por fin la lección», de escuchar a alguien que nos eduque para alcanzar una vida moral superior.

A su vez, el profesor encarna la entidad de alguien a quien tratamos como criatura inferior y que ahora exige de nosotros respeto. No obstante, no olvidemos que también el profesor tiene un karma negativo porque se ve obligado ahora a repetir continuamente la lección, dado que antaño no quería escucharla. Como rebelde sin freno, rechazaba cualquier tipo de educación, o bien, como padre indigno, daba a sus hijos una educación incorrecta.

En el ambiente profesional encontramos de nuevo a entidades con las que nos habíamos relacionado en el pasado por motivos parecidos. Si nos sentimos explotados por nuestro jefe, se debe únicamente a que ahora él debe devolvernos el desaire, puesto que en la última vida éramos nosotros quienes le explotábamos a él. Los papeles se han invertido por esa suprema ley del karma que recibe el nombre de «contrapaso».

Según la tradición oriental, el trabajo debe considerarse karma yoga, es decir, esfuerzo cotidiano que sirve para eliminar los efectos negativos de las acciones pasadas. Sobre este concepto volveremos en otro capítulo. Se trata de un ejercicio constante que no debe hacernos protestar ni ponernos nerviosos como si fuese un esfuerzo inútil; al contrario, cuanto más y mejor lo hagamos, más nos purificaremos ganando energía positiva para la próxima existencia.

Así pues, las personas junto a las cuales desarrollamos nuestra vida laboral representan unos valiosos instrumentos para poner a punto nuestra madurez espiritual. Es posible que, a partir de una determinada vida pasada, hayamos acordado con ellas un camino común a través de varias vidas destinado a beneficiar a todas nuestras entidades.

Es cierto que cualquier esfuerzo tiene su precio. Debemos aprender a convivir para llevar a buen fin la misión común, no podemos negarnos a colaborar, porque de lo contrario nos cargaríamos de un nuevo y negativo peso de karma. En cada ocasión la entidad pertenece a la clase dirigente o a la subalterna, ningún individuo vive diez vidas seguidas como jefe o líder. Si en esta vida debemos obedecer es porque ya sabemos cómo mandar, y viceversa.

En ciertos casos, se continúa desarrollando la misma actividad de antaño y se colabora con mucha espontaneidad con un colega sólo porque esa colaboración se inició seiscientos años atrás, dentro de un camino profesional iniciado por ambos.

Ciertas expresiones como «Siempre has sido un asno, nunca cambiarás» deben entenderse justamente al pie de la letra, porque se refieren a preocupaciones no de esta sino de todas las vidas.

Karma y amor: reconocimiento y necesidad de convivir

Ejemplo tras ejemplo, emerge así una verdad a simple vista increíble: el karma es colectivo, la reencarnación reúne en torno a una entidad o yo individual a todos los demás yo que han sufrido, directa o indirectamente, por su causa o de los cuales ha recibido perjuicios o sufrimientos. Todos son impulsados por una fuerza llamada «némesis» (literalmente «justa venganza»), que pide justicia para equilibrar la energía cósmica y conducirnos a todos a la salvación final.

Pero en la vida de cada uno de nosotros hay, sin duda, una persona con la que debemos compartir un karma más intenso que con todas las demás, precisamente porque encarna a una entidad para nosotros extraordinaria, muy especial, con la que tenemos en común un proyecto espiritual de enorme alcance. Nos referimos a la persona de la que nos enamoramos y con la que aceptamos convivir, comprometiéndonos ante Dios o las autoridades a socorrerla y amarla durante toda la vida.

En primer lugar, la fase de acercamiento y enamoramiento representa un conjunto de excepcionales síntomas del karma y de las vidas pasadas. ¿Qué es el flechazo sino el eléctrico e impresionante reconocimiento de una entidad con la que ya se había producido un notable intercambio de afecto o emociones en otra existencia?

En esta vida, la atracción erótica nos obliga a continuar la relación energética y espiritual iniciada en un pasado lejano, tal vez con otros roles, como el de hermano y hermana o el de amigos íntimos. Así, al encontrar a ese individuo del otro sexo nos implicamos con una fuerza fuera de lo normal; precisamente, como suele decirse, es «Como si nos conociéramos desde siempre». En definitiva, no se trata del encaprichamiento acostumbrado, sino que tenemos la certeza de que la simpatía espontánea tiene su origen en una fuerza superior. Una fuerza contra la cual nada podemos oponer y que nos empuja hacia esa persona en concreto, no hacia otra. Luego, día tras día, el entendimiento crece y nos lleva a superar cualquier residuo egoísta, llegando a sufrir de buen grado con tal de hacer feliz a la pareja.

Así pues, el nivel más alto del karma es el de pareja, entre amigos y socios, pero sobre todo entre enamorados. Aunque no siempre se produce un auténtico flechazo, el lento o rápido reconocimiento de la entidad fatal nos lleva a casarnos o a convivir con quien amamos para llevar a cabo un proyecto concreto. La persona amada es aquella que nuestra entidad ha escogido entre las ya encontradas en otras vidas para llevar adelante el plan de salvación y pagar mejor nuestros pecados. El amor es también, inevitablemente, una forma de sacrificio y sufrimiento, que se vale paradójicamente del placer sexual para aligerar la disolución del karma a la que nos llama la fidelidad conyugal y, en ocasiones, del hecho de soportar los defectos o los caprichos de la pareja.

Así, la sexualidad es sólo un instrumento del karma, no tiene valor por sí misma, sirve sólo para vincular a dos personas a fin de favorecer la salvación de ambos, obliga a compartir alegría y dolores para encontrar juntos la solución a los problemas espirituales de las dos entidades. Por lo tanto, no es casual que se hable de almas gemelas, pues son de verdad dos almas que desde hace muchos siglos no pueden permanecer alejadas, porque deben continuar unidas en su samsara, acumulando débitos y créditos recíprocos para llegar por fin al amor verdadero, el completamente desinteresado.

¿Y los seres humanos que en el transcurso de su vida viven muchos amores? ¿Cuál de las almas que encuentran puede definirse como verdaderamente gemela?

Si el amor es la mayor expresión del karma, quien no logra encontrar el auténtico amor aún no ha sido capaz de establecer un programa definitivo de salvación. Ir de un hombre a otro o de una mujer a otra significa no haber logrado entender que sólo adquiriendo un compromiso con una única criatura, un compromiso absoluto y total, ¡se pueden disolver esas incrustaciones astrales que arrastramos desde hace siglos!

LOS MÉTODOS NO ESPONTÁNEOS DE INDAGACIÓN SOBRE LAS OTRAS VIDAS Y LA HIPNOSIS REGRESIVA

Hasta ahora hemos examinado los síntomas del karma, es decir, las pruebas espontáneas y no inducidas de las vidas pasadas y del comportamiento observado en ellas.

Gracias al uso de algunas técnicas psicológicas, médicas y esotéricas es posible investigar y descubrir otros aspectos y detalles más profundos de las anteriores existencias. Entre todas estas técnicas destaca, sin duda, la hipnosis regresiva, que especialmente en Estados Unidos ha alcanzado un nivel tan alto de calificación y difusión que interesa a estudiosos y periodistas que normalmente no se ocupan de la reencarnación.

Sin embargo, antes de profundizar en la hipnosis regresiva, examinando varios ejemplos, conviene que prestemos atención al resto de técnicas.

Incubación y meditación

Siguiendo en el terreno de la psicología, aunque sea en los puntos de confluencia con la magia, hablaremos en primer lugar del sueño inducido, también denominado «incubación onírica». Se trata de una terapia sumamente antigua, que en fechas recientes ha sido redescubierta por algunos seguidores de Jung. A través de un entrenamiento mental particular, el paciente puede obligarse durante la noche a soñar con cierto tipo de realidades en lugar de hacerlo con las escenas y las imágenes que sobrevienen espontáneamente. Para llegar a ello es preciso ante todo llevar una especie de diario de los sueños, en el que se anotan todos los detalles de los sueños de tipo tradicional. Más tarde se formulan mentalmente unas preguntas a los personajes y a los objetos de los diversos sueños, preguntas que recibirán respuestas en las noches siguientes. La amplificación de los símbolos y la operación más difícil de la salida consciente del sueño con posterior entrada permiten identificar bloqueos afectivos y emotivos que se refieren a episodios y traumas de las pasadas existencias. Al término de la experiencia se llega así a identificar actividades y opciones de un pasado lejano que explican los problemas presentes y ayudan a resolverlos.

No se pueden silenciar los riesgos notables que presenta la incubación onírica. En efecto, el contacto forzado e impuesto con el cuerpo astral puede ocasionar una grave dificultad para volver al cuerpo físico. Es cierto que el entrenamiento progresivo suele evitar desagradables sorpresas, pero algunos individuos se arriesgan a perder el autocontrol justo en el momento más impensable.

Además, en ocasiones, las imágenes de origen kármico son sustituidas por formas de alucinación que sólo son el fruto de la reacción de nuestra mente ante la necesidad de volver atrás en el tiempo y, por lo tanto, desatender los más importantes e improrrogables compromisos actuales.

Una técnica más suave, menos ligada a las fuerzas turbulentas del inconsciente, consiste en la meditación profunda, práctica difundida sobre todo en Oriente con gran éxito, que se va extendiendo con fines psicoterapéuticos en todo Occidente.

Antes de llegar a meditar sobre las vidas pasadas es necesario aprender a practicar la meditación propiamente dicha. La hora del día y el ambiente elegidos deben ser los adecuados, así como la silla o el cojín donde sentarse en la postura del «loto», con las piernas cruzadas. Además, hay que aprender a relajarse mediante las técnicas apropiadas y alcanzar un placer particular en el abandono de cualquier tipo de tensión, física o psíquica. Posteriormente el trabajo se vuelve mental, hay que escoger un pensamiento básico y dejarse transportar por la consiguiente concatenación sin oponer resistencia.

La meditación del karma parte de cualquier pensamiento sobre la reencarnación como fenómeno general. Si la relajación es total y el cuerpo físico está dispuesto a escuchar los mensajes procedentes del cuerpo astral, el abandono a las imágenes producidas por el pensamiento hace aflorar poco a poco varios ejemplos del fenómeno de la reencarnación que provienen directamente de nuestras vidas pasadas. Asoman a la mente escenas, ambientes y personajes que fueron conocidos en otras existencias, aunque traducidos a formas y colores típicos de la personalidad actual.

Los métodos de las ciencias esotéricas

Adentrémonos ahora en el universo complejo, pero fascinante, de las ciencias esotéricas para hablar de aquellas disciplinas que permiten remontarse a las vidas pasadas e identificar sus principales rasgos.

Puede decirse que el mundo de la adivinación se ha interesado mucho por el problema del karma, pese a que este afecta más al pasado que al futuro. En general, los astrólogos y mánticos (dedicados a la previsión del futuro a través de artes como la quiromancia, cartomancia, numerología, onomancia, biorritmología, alquimia, grafología, etc.) que se interesan por la reencarnación tienen una preparación de carácter espiritual que los lleva a eludir las consultas vinculadas a finalidades y ventajas de orden puramente material y mundano (dinero, amor, éxito). Así, dirigen cada vez más su investigación hacia resultados que sean de gran utilidad para su crecimiento interior y para quienes les consultan.

Dentro de las diversas materias esotéricas y adivinatorias han surgido especialidades que intentan, precisamente, reconstruir el karma de un individuo con la técnica propia de la disciplina en cuestión. Por lo tanto, existe una numerología del karma que, gracias a un cuidadoso estudio de los números recurrentes en la vida de una persona, es capaz de establecer cómo se comportó su entidad en las vidas anteriores, o una onomancia del karma (u onomástica espiritual), que logra identificar el tipo de karma con un trabajo particular sobre el nombre, el apellido y la calle de nacimiento, o bien una grafología del karma que capta en la forma de escribir la herencia espiritual de un individuo y el proyecto dhármico de la vida actual.

Pero la disciplina capaz de construir la lectura más precisa de las vidas pasadas, sobre la base de los elementos naturales que constituyen su objeto, es, sin duda, la astrología. En efecto, se habla cada vez con mayor frecuencia de la astrología del karma, hasta el punto de que los estudiosos de las estrellas le dedican convenciones especiales.

Principales características de la astrología del karma

No es posible en este libro hablar en profundidad de la ciencia de la astrología que, a pesar de tener cuatro mil años de antigüedad, sigue estando reservada a un número restringido de estudiosos serios, precisamente por la dificultad de algunas de sus leyes.

Sin embargo, para quien tenga alguna base de astrología en su preparación esotérica queremos dar algunas breves indicaciones de astrología del karma, de forma que pueda emprender esta vía para llegar a descubrir sus vidas pasadas. Se trata precisamente de una vía simbólica y reflexiva que resulta adecuada para todos aquellos que no se sienten con ánimo para afrontar la incubación o la hipnosis, métodos fuertes y arriesgados basados en una implicación de tipo físico.

El día del nacimiento hay en el cielo una disposición planetaria específica e inimitable, es decir, los planetas y los demás elementos celestes se hallan en una posición determinada, que habla precisamente, entre otras cosas, de las actitudes mantenidas en las existencias anteriores.

La posición del Sol, es decir, del signo zodiacal de pertenencia, nos habla de la manera en que afrontamos nuestro karma: en signos de tierra de forma rigurosa y calculadora; en signos de agua, emotiva o pasional; en signos de fuego, con actitudes enérgicas o impulsivas, y, por último, en signos de aire con inteligencia o resultados imprecisos.

Hay que fijarse especialmente en los planetas retrógrados, es decir, en los que desde el punto de la observación terrestre parecen avanzar hacia atrás, como los cangrejos, en lugar de proseguir su camino hacia delante a lo largo del círculo zodiacal. Retroceden de forma simbólica precisamente porque señalan los errores cometidos en las vidas pasadas en ciertos sectores de la existencia, errores que conllevan algunas actitudes y comportamientos de la vida actual, destinados a desencadenar inevitablemente acontecimientos agradables o desagradables.

Mercurio retrógrado indica un abuso de la energía mental, que puede haber comportado, según el signo ocupado, una serie de engaños al prójimo, el uso incorrecto de la palabra, disputas o intemperancias verbales, viajes inútiles, relaciones de escasa solidaridad con los parientes o los vecinos, etc.

Venus retrógrado ilustra los comportamientos muy poco comprometidos en el ámbito sentimental y erótico observados en las vidas pasadas: falsas promesas de amor y traiciones hacia el cónyuge, relaciones sexuales con fines puramente hedonistas, falta de respeto por el otro sexo, etc.

Marte retrógrado nos informa de una agresividad excesiva, que puede haber desembocado en diversas formas de violencia, sin excluir el homicidio; o bien haber favorecido la aparición de una disputa o de una guerra, haber prestado mal el servicio militar o haberse ensañado contra el enemigo.

Júpiter retrógrado habla de un poder superior a lo normal, obtenido o manejado con arrogancia y explotación económica; ventajas jurídicas u otras formas de prepotencia que tarde o temprano se deberán pagar; también es posible que se haya comido demasiado y mal.

Por su parte, Saturno retrógrado es típico de entidades muy antiguas, que han vivido un número extraordinario de existencias y han tendido, entre otras cosas, a explotar el trabajo de los demás para alcanzar altos cargos sociales y políticos.

Urano retrógrado significa que en otras vidas se ha sido científico o pionero; Neptuno retrógrado, artista y bohemio, y Plutón retrógrado, mago y actor. En cualquier caso, la retrogradación de estos planetas señala también una especie de inmadurez espiritual que hay que neutralizar en esta y en las próximas vidas.

En el análisis del cielo el día del nacimiento, debe dedicarse una mirada particular a la posición de los nudos lunares, astronómicamente puntos de cruce entre la órbita solar y la lunar. Nos dicen cuál es el karma acumulado de más en el pasado, a través de vidas en las que se han seguido repitiendo las mismas irregularidades (nudo sur), y lo que hay que hacer en esta vida para disolverlo (nudo norte).

Por último, la duodécima casa del horóscopo (las casas son las zonas en las que puede dividirse el cielo) nos proporciona todos los detalles de la última vida vivida (ambiente, época, sexo, trabajo...), avisándonos de sus directas consecuencias para la existencia que estamos llevando.

Las vías de la hipnosis

Llegamos por fin a la hipnosis.

Se trata de una práctica más compleja de lo que pueda pensarse, que requiere entrenamiento y paciencia. La utilizan algunos médicos para tratar determinadas enfermedades, tanto físicas como psíquicas. En estado de hipnosis el inconsciente, y por lo tanto la parte de la personalidad que peor conocemos, deja oír su verdadera voz, relatando pulsiones e intenciones profundas.

La hipnosis no es en realidad un estado de verdadero sueño, pues en tal caso el individuo no podría escuchar las preguntas del hipnotizador ni responder a ellas. El hipnotizado está despierto, pero en un estado de relajación total que corresponde al trance. Dado que quien responde es la mente inconsciente del hipnotizado, el hipnotizador debe ser una persona muy experta que sepa usar un lenguaje especial para formular las preguntas.

El estado de trance se compone de tres fases: ligera, media y profunda. Para explorar los aspectos más secretos de la psique, y tomar contacto con el cuerpo astral, hay que entrar en la tercera fase, la profunda.

Además de la hipnosis recibida y guiada por otra persona sobre nosotros, hay otra forma particular de hipnosis, sin duda más difícil y arriesgada, la autohipnosis, que consiste precisamente en inducirse uno mismo al estado de trance. Se trata de un método que ha sido seguido por los más famosos hipnotizadores kármicos con el objetivo de reconstruir sus vidas pasadas y las de otras personas.

Es el caso, por ejemplo, del francés Charles Lancelin que, tras hipnotizarse varias veces, logró, a principios del siglo XX, reconstruir sus cinco vidas anteriores; o el del conocido Edgar Cayce, norteamericano capaz de reconstruir las vidas de los demás cayendo en trance. De este último vale la pena hablar un poco más extensamente, porque sus regresiones resultan casi increíbles.

La autohipnosis de Cayce

Edgar Cayce, nacido en Estados Unidos el 18 de marzo de 1877 bajo el parapsíquico signo de Piscis, era de origen campesino y no poseía un bagaje cultural particularmente elevado.

Muy pronto descubrió que tenía unas dotes muy peculiares, entre las que destacaba la de lograr conocer en estado hipnótico la causa de sus propias enfermedades y posteriormente de los males que afectaban a los cuerpos de otras personas.

Muchos iban a su casa para que les visitase con el pensamiento. Entraban en su habitación sólo cuando él se había dormido gracias a una prodigiosa y en apariencia sencilla técnica de autohipnosis. El «vidente» se negaba a conocer a los pacientes antes para que no influyesen en el diagnóstico. En estado de trance, hacía un análisis clínico que siempre se revelaba infalible, superando en precisión el de los médicos u otros expertos. Con el paso del tiempo testigos de las sesiones redactaron las actas de los diagnósticos, que él releía sin dar crédito a sus propias palabras.

En un momento determinado, en el transcurso de una de estas lecturas hipnóticas, la materia dejó de limitarse sólo a la patología física y a los tratamientos necesarios para curarla. La primera señal de un acercamiento al esoterismo, al ocultismo y a la adivinación se produjo, para ser exactos, el 19 de marzo de 1919 (¿mérito del cumpleaños?) cuando en trance afirmó que «el carácter del hombre está gobernado por los planetas que había en el cielo el día del nacimiento, por lo que es posible conocer las inclinaciones del individuo y su futuro, sin olvidar el libre albedrío». Lo más increíble de todo ello es que Cayce, de intensa fe cristiana, siempre había considerado la astrología una absurda creencia, y había proclamado su escepticismo ante otro tipo de contactos con la esfera trascendente que no fuesen los de la religión cristiana.

Cayce realizó el paso decisivo hacia la metapsíquica (estudio de la vida que está más allá de la vida) unos años más tarde. Un amigo suyo, el señor Lammers, muy interesado en los problemas de la reencarnación, le pidió que tratase de llevar a cabo varias sesiones para responder de alguna forma a los grandes enigmas de la existencia.

De 1923 a 1944, el vidente hizo unas dos mil lecturas de las vidas pasadas del nuevo tipo de individuos que se dirigían a él, no necesariamente afectados por trastornos físicos. Al cabo de unos minutos de estado hipnótico era capaz de hablar libremente de los comportamientos observados en épocas lejanas por quienes le consultaban. Solamente se detenía cuando su voz se volvía ronca.

La Association for Research and Enlightenment (ARE) conserva aún las copias originales de las lecturas efectuadas por Edgar Cayce, así como los documentos, las cartas y los testimonios que precedieron, siguieron y comentaron dichas lecturas.

Entre otras cosas, confirmando la veracidad de todas estas lecturas kármicas, el vidente había presagiado en estado de trance algunos acontecimientos históricos, como el estallido de la primera y de la segunda guerra mundial, la caída de la Bolsa en 1929, el descubrimiento del planeta Plutón y el auge de las telecomunicaciones.

Durante las sesiones de autohipnosis, Cayce llegaba a describir con enorme precisión el ambiente histórico y geográfico, entre otros detalles, de la época en que se había ubicado una determinada encarnación.

Entre los numerosos elementos comprobables que aparecen en las actas de las lecturas cabe citar, por ejemplo, el verdadero nombre de Molière, que el vidente no habría podido leer nunca en ninguna parte.

Además, se realizaron en Estados Unidos profundas investigaciones sobre nombres y actividades de personas citadas por Cayce que demostraron ¡que habían vivido realmente años o siglos antes!

La hipnosis regresiva

En cualquier caso, la técnica que ha tenido recientemente más éxito ha sido la hipnosis inducida en otras personas, llamada «regresiva» porque lleva al individuo a retroceder con la mente hasta existencias anteriores, pasando a través de la infancia de esta vida y la existencia como feto en el seno materno.

A partir de los últimos años del siglo XIX, en todo el mundo, pero sobre todo en Estados Unidos, se han efectuado numerosos experimentos de hipnosis regresiva, con la utilización de técnicas ligeramente distintas que se perfeccionaron después de la segunda guerra mundial, sobre todo en los años sesenta y setenta.

Dado que este no es un manual práctico de instrucciones, no explicaremos cómo inducir al estado hipnótico a una persona, aunque de los sucesos y del ejemplo que referiremos a continuación se deducen rasgos técnicos no exentos de interés para el lector que quiera participar en una hipnosis regresiva (en la actualidad, se hacen incluso en grupo) o bien intentar experimentos con otra persona.

Sin embargo, hay que decir ante todo que no se trata de una práctica que pueda tomarse a la ligera, como si fuese un divertido juego que nos permite conocer algo más de nuestra dimensión espiritual. No debemos olvidar que con esta operación se superan las barreras del tiempo y del espacio, y se entra en una dimensión astral que puede ser peligrosa si no se mantiene bajo control.

No es casual que las principales personalidades que han ejercitado con gran éxito la hipnosis regresiva en muchos pacientes estuviesen dotadas (o estén dotadas) de una vasta cultura y experiencia psicológica, psiquiátrica o médica, porque así se evitan fracasos colosales o traumas que pueden provocar un estado de degeneración progresiva de la psique del individuo hipnotizado. Por eso, este método de investigación de las vidas pasadas sólo es aconsejable para quienes se atrevan a correr un riesgo mínimo.

Los pioneros de la hipnosis regresiva

Los primeros casos experimentales de hipnosis regresiva, llamada entonces «revivencia de la memoria», tuvieron lugar en Francia e Inglaterra durante las décadas de los ochenta y noventa del siglo XIX.

En Inglaterra fue Robert Russell Davis el primero en llevar a cabo experimentos significativos. En una ocasión, hipnotizó a su esposa, que sufría migraña y necesitaba algún alivio. Cuando esta se durmió, Davis cogió un periódico y leyó un artículo de economía política que no podía entender porque contenía términos relacionados con aspectos poco conocidos de la historia francesa. La mujer, como si siguiese el pensamiento de su marido, a pesar del sueño, pronunció de repente unas palabras que explicaron los conceptos oscuros del artículo periodístico. A continuación, la hipnotizada narró varios sucesos económicos, políticos y sociales de la historia francesa y lo hizo con detalles tan ricos que no habían sido reflejados nunca en ningún libro. Cuando Davis la interrogó, su esposa dijo que había sido una mujer francesa y que había desempañado un importante papel en la historia gala.

El aspecto más increíble de todo el asunto es que la mujer no estaba dotada de una cultura elevada, ni mucho menos en el campo histórico, diplomático o económico. Además, quien la conocía la definía como una mujer parca en palabras.

Es este un caso que, más de cien años después, da a entender de forma muy clara que existe otra dimensión dentro de nosotros, bien distinta de las características que el cuerpo físico y el cerebro aparentemente vinculado a este tienden a mostrar. En definitiva, existe un poder de la mente que, estimulado con el sueño espontáneo o hipnótico, es capaz de hablar de nuestra verdadera entidad, abriendo una caja fuerte de experiencias y datos que en estado de vigilia no están vedados.

En Francia operó Alberto De Rochas (1837-1914).

Entre las veinte personas por él hipnotizadas vale la pena recordar el caso de Joséphine, una mujer que habló, debidamente magnetizada (sometida, como se decía antaño, a la operación magnética de nuestro hipnotizador), de las vidas pasadas de su entidad. Sobre todo, dio los detalles de la existencia de un preencarnado, el soldado Jean Charles Bourdon. Joséphine habló del pueblo de nacimiento del soldado, Champvent, y ofreció detalles de su carrera militar, que se había desarrollado básicamente en la ciudad de Besançon. Precisó, además, que fue protagonista en varias ocasiones de la fiesta nacional del primero de mayo, una tradición celta sustituida sólo gradualmente por la fiesta del 14 de julio correspondiente a la Toma de la Bastilla.

De Rochas, coronel experto en asuntos militares capaz de obtener informaciones de primera mano, realizó investigaciones escrupulosas y descubrió que los datos proporcionados por la hipnotizada eran auténticos. Bourdon no sólo había existido de verdad, sino que había nacido en el pueblecito citado y había ejercido la carrera militar de la forma y en el momento indicados por la mujer. Por otra parte, era imposible que Joséphine hubiese obtenido semejante información por vías más convencionales, dado que nunca había salido de su pueblo, del que Besançon y Champvent se hallaban lejos.

El coronel De Rochas, que llegó a ser director de la École Polytechnique de París, dio una cuidadosa explicación de la técnica empleada por él en el libro *Les vies successives (Las vidas sucesivas)*, cuya mejor edición sigue siendo la parisina de 1924. Habló de fases de letargo que se alternan con estados de sonambulismo, durante las cuales el alma se libera del estado corporal y del de conciencia normal. Al llevar las operaciones magnéticas más allá del recuerdo del nacimiento y sin hacer sugerencias al hipnotizado, el individuo pasa por estados correspondientes a las anteriores encarnaciones y a los intervalos que las separan.

En la primera parte de nuestro siglo se realizaron otros muchos experimentos, aunque siempre de forma poco profesional, sin una recopilación de casos, datos y testimonios.

Aparte de la autohipnosis de Cayce y de otros pocos seguidores, nadie se atrevía a ofrecer conclusiones terminantes o a crear auténticas escuelas que enseñasen a seguir la pista de las vidas pasadas a través de la hipnosis.

También en Italia se dieron unos casos interesantes, que causaron debates apasionados, recogidos en el libro de Gino Trespioli *Rincarnazione*, reimpreso por la editorial Hoepli de Milán en 1976. Sin embargo, ningún caso fue tan llamativo como para crear un vasto movimiento de interés en la opinión pública.

El fervor experimental después de la segunda guerra mundial

Después de la segunda guerra mundial y de la llamada «época de reconstrucción», a finales de los años cincuenta, se crea una escuela de hipnotizadores con el objetivo explícito de alcanzar resultados claros y seguros en materia de reencarnación.

A mediados del siglo XX, las iniciativas hipnóticas más interesantes fueron las norteamericanas de Morey Bernstein, autor del texto editorialmente más afortunado acerca de las experiencias sobre la hipnosis regresiva *(En busca de Bridey Murphy)*, y la de Emile Franckel, decidido a filmar por televisión sus sesiones de regresión que celebraba, con una notable frecuencia, en la cinematográfica ciudad de Los Ángeles, despertando gran curiosidad incluso en el mundo del espectáculo.

No podemos dejar de mencionar el caso que probablemente será el más famoso y comentado de nuestro siglo, el de Bridey Murphy, que Bernstein dio a conocer al mundo entero.

El caso «Bridey Murphy»

El 29 de noviembre de 1952, el hipnotizador Morey Bernstein celebró una sesión inaugural en la que la señora Virginia Tighe (también conocida como Ruth Simmons) retrocedió hasta la vida que su entidad había pasado en el cuerpo de Bridey Murphy. Bernstein le pidió que se tendiese en un diván y que mirase una vela encendida hasta el momento de dormirse.

Cuando cayó en trance, Virginia-Ruth fue inducida a retroceder mentalmente hasta la infancia, y habló de sus amigos y compañeros de antaño.

Posteriormente, Bernstein la obligó con nuevas preguntas a seguir retrocediendo, hasta ir más allá del nacimiento de esta vida. Al cabo de unos minutos, Virginia comenzó a describir unas escenas que no pertenecían a su vida actual. Bernstein le preguntó de forma perentoria: «¿Cómo se llama?» y ella respondió «Bridey Murphy».

Así, empezó a perfilarse la figura de una mujer irlandesa, hija del abogado Duncan Murphy, que nació y creció en Cork, se trasladó a Belfast tras su boda con un tal Brian MacCarthy y murió a la edad de sesenta y dos años en 1864.

En todas las sesiones en que Virginia retrocedió al siglo XIX, fue capaz de decir varias palabras en un perfecto irlandés, así como de describir con gran veracidad la vida y las costumbres de aquella época y los lugares en los que transcurrió su existencia.

Puede decirse que todavía en la actualidad, el caso Murphy sigue siendo objeto de discusión.

Al principio los periódicos norteamericanos y luego, después de la salida del libro de Bernstein, publicaciones de todo el mundo reprodujeron y juzgaron el caso, por desgracia sin que de Irlanda pudiese llegar una confirmación de la existencia de esa mujer, por el simple hecho de que en el país no existe un registro de nacimientos anteriores al año 1864. Siempre ha despertado mucho escepticismo respecto a la validez de las explicaciones de Virginia su parentesco con una persona que le había contado algunas historias irlandesas.

El auge de la hipnosis regresiva y la «Terapia R»

La fama del caso Murphy como mínimo tuvo el mérito de suscitar un interés ante las posibilidades del método entre los estudiosos de todos los continentes.

De los años sesenta a los noventa del siglo XX, las experiencias al respecto fueron incontables, con un progresivo perfeccionamiento de la técnica y resultados notables.

Han nacido escuelas no sólo en Estados Unidos sino también en el norte de Europa.

Nombres de hipnotizadores como Edith Fiore y Raymond Moody (Estados Unidos), Arnall Bloxham y Joe Keeton (Inglaterra), Reima Kampmann (Finlandia) y Thorwald Dethlefsen (Alemania) han dado ya la vuelta al mundo, junto a los de sus fascinantes conejillos de Indias.

Con el paso del tiempo, lo que debía ser sólo un testimonio sobre el pasado espiritual de cada ser humano ha asumido una nueva y extraordinaria función de tipo terapéutico. En efecto, en la actualidad se habla de «Terapia R», porque poco a poco se ha entendido que retroceder a los traumas de las otras vidas puede servir para curar los trastornos físicos y psíquicos de la vida actual, que tienen su origen precisamente en ciertos comportamientos incorrectos observados en épocas lejanas. Sólo conociendo las verdaderas causas de nuestros males podemos llegar a desarraigarlos de nuestro cuerpo físico.

Por eso, también un grupo de médicos, inicialmente escépticos respecto a una práctica que partía de una base difícil de verificar, en los límites de lo absurdo, se han acercado al mundo de la reencarnación, han empezado a practicar la Terapia R y han comprobado sus excelentes resultados, incluso en los casos en que no se puede saber si los relatos del paciente pertenecen de verdad a la historia espiritual individual o son, al menos en parte, fruto de la fantasía. Como suele decirse, el fin justifica los medios, y mientras tanto, al actuar así, muchos materialistas empedernidos han descubierto la otra dimensión.

En 1980 nació oficialmente la primera asociación dedicada a la divulgación de la Terapia R, tras una histórica reunión de expertos celebrada en California, estado norteamericano que siempre ha dado pruebas de un gran espíritu de investigación en cualquier sector de las ciencias humanas, naturales y cibernéticas, sin crear nunca un abismo entre tecnología y esoterismo.

La Asociación de Investigación y Terapia del Pasado (AITP), convencida de poder probar la reencarnación, se ha difundido por todo el planeta, obteniendo a menudo apoyos entusiastas y publicando los textos de las conferencias y los informes sobre los experimentos efectuados.

Vale la pena reproducir las palabras de Irene Hickman, una de las colaboradoras de la AITP, que fueron publicadas en el primer número del noticiario: «Hemos descubierto que si el paciente, o cliente, tiene un problema cualquiera, existe una causa a la que es posible remontarse a través de las técnicas regresivas, y esta puede discutirse hasta neutralizar sus efectos y permitir el retorno al bienestar. Nuestras investigaciones y teorías no se adaptan al modelo científico, pero ello se debe tal vez a los límites rigurosos de la ciencia, tanto que ningún experimento en un individuo humano respondería al paradigma científico que exige la capacidad de reproducción exacta. A falta de una visión más amplia, la ciencia excluye un tipo de investigación que nos revelaría la verdadera naturaleza de la mente humana, la naturaleza de la conciencia, y nos daría una respuesta al problema de la supervivencia a la muerte corporal. Nosotros estamos convencidos de haber hallado, y de seguir hallando, respuestas de gran importancia para la raza humana. Aumentaremos el conocimiento, permitiremos el desarrollo del bienestar, de la armonía, de la paz interior y de la creatividad. Las técnicas que empleamos ayudan a nuestros pacientes y clientes a alcanzar la máxima creatividad».

Los casos recientes de R. Moody

Gran éxito internacional ha obtenido el libro *Coming back* (1990), en el que el norteamericano Raymond Moody cuenta sus experiencias de hipnosis regresiva. Dice haber partido de una posición de notable escepticismo respecto a la técnica que estamos examinando. Sólo el encuentro con una psicóloga de su país, Diana Denholm, experta hipnotizadora regresiva, le hizo cambiar de idea.

Se hizo someter a la hipnosis y llegó así a descubrir algunas de sus vidas anteriores. La primera estuvo ambientada en la jungla prehistórica; la segunda, en el África primitiva; en la tercera se vio como uno forzudo constructor de barcas, y en la cuarta, como un violento cazador de mamutes. En la quinta vivió una carestía en los albores de la época histórica y tuvo que asistir a la trágica muerte de su mujer por inanición. Vivió la sexta vida como soldado germano en tiempos de los antiguos romanos, fue hecho prisionero y pasto de un león. En la séptima vida su entidad encarnó a un aristócrata romano, tal vez para equilibrar el destino precedente. En la octava vida fue comerciante en el Oriente Medio durante la Edad Media; alcanzó una notable riqueza y vivió en una magnífica casa, pero perdió súbitamente a su esposa y a sus hijos a consecuencia de un bárbaro asesinato. Finalmente, en la última vida fue mujer, una artista de origen danés.

Más allá de las dudas que se le plantearon al propio Moody sobre la completa y absoluta veracidad de estas visiones, el hipnotizado se sintió impresionado por los efectos beneficiosos que la terapia tuvo en su estado mental.

Ciertamente, después de la hipnosis se logra por fin expresar muchos sentimientos antes reprimidos y se pueden resolver conflictos que caracterizan la existencia actual.

Lo mismo le ocurrió también a Raymond que, al ver los efectos positivos de la hipnosis sobre él mismo, decidió convertirse en hipnotizador regresivo para proporcionar un poco de alivio a todas aquellas personas que necesitasen imperiosamente regresar a sus vidas pasadas.

Innumerables y variados son los casos recogidos por Moody, quien siempre ha querido comprobar que no se trata de simples fantasías. Entre todos ellos, me parece muy significativo el de una mujer que quiso ser hipnotizada por Moody a la edad de treinta años, que presentaba síntomas de aburrimiento por el tipo de vida llevada hasta el momento: educación puritana, sentimiento de fastidio hacia los hombres e interés, incluso morboso, por todo lo referente a la literatura y cultura.

Durante la hipnosis, la mujer se remontó a una vida ambientada en Escandinavia durante la Edad de Piedra. Casada y con ocho hijos, experimentó una excesiva dependencia del hombre, al que vio morir trágicamente en un río. La experiencia de aquella vida, probablemente la primera vivida en orden temporal, marcó para siempre su ciclo del samsara, orientándola a existencias sucesivas en las que la vida conyugal tenía un peso muy inferior, con la intención de asumir de verdad las propias responsabilidades y, al mismo, tiempo depender lo menos posible de los acontecimientos del ambiente natural. De esta forma, la mujer logró comprender las motivaciones profundas y kármicas de su destino y, además, consiguió resignarse mejor a ciertos estados psicológicos y situaciones sociales.

Una extraordinaria novedad técnica que Moody ha logrado introducir recientemente en la hipnosis es la autohipnosis especular. Ha descubierto que el paciente (recordemos que su formación es psicológica y psicoterapéutica), frente a su imagen reproducida en una serie de espejos colgados de las paredes, recrea en su mente una serie de escenas o figuras que, oportunamente filtradas por un guía, le conducen poco a poco a revivir los dramas más importantes de las vidas pasadas, como si la visión del cuerpo actual despertase el recuerdo de las antiguas formas, después de retroceder al estado infantil.

La regresión para entender el karma de grupo

En Estados Unidos hay hipnotizadores regresivos que no se conforman con ir a buscar los rasgos principales de las vidas pasadas de sus pacientes, sino que también tratan de averiguar, a petición de los mismos y para que cuadren bien todos los datos recogidos, si una persona con la que el paciente mantiene en la actualidad una relación muy profunda (pariente, padre, pareja, amigo íntimo...) se ha encontrado o conocido ya en una vida pasada.

En el capítulo anterior hemos visto que el camino del karma tiende a poner en común los destinos de dos o más entidades, haciendo que se encuentren bajo nuevas formas, vida tras vida. De ahí la necesidad de averiguar si quien está a nuestro lado en la actualidad encarna de verdad a una entidad «compañera de camino» o bien lo hemos encontrado en esta vida por primera vez.

El doctor Bruce Goldberg desarrolla en Baltimore este tipo de indagaciones. Según él, las regresiones a la vida pasada logran a menudo identificar la causa exacta de los problemas que, por ejemplo, afectan en la actualidad a una pareja sentimental. En sus sesiones hipnóticas surgen muchos casos de cónyuges que ya en una época lejana se habían hecho daño mutuamente (abandono, peleas, traición, etc.) y ahora deben remediar de alguna forma las fechorías pasadas siempre con la misma entidad, porque de lo contrario no se daría un justo equilibrio de las energías kármicas.

El caso más llamativo de las indagaciones de base hipnótica de Goldberg se refiere a un tal Carl, un hombre casado e insatisfecho con su vida sexual a causa de un tipo de impotencia que los expertos definen como secundaria. El paciente se había presentado en la consulta del médico en condiciones psicológicas de gran estrés, porque, al no padecer ninguna disfunción orgánica, no lograba entender dónde estaba el verdadero problema (conviene aclarar que su esposa le resultaba muy deseable).

La primera sesión regresiva sacó a la luz una vida vivida por la entidad de Carl en Francia en el siglo XIX. Se llamaba Ladin y era pescador al servicio del padre de un amigo suyo llamado Gene. Se prometió con Jeanne, la dejó embarazada y ella dio a luz un bebé muerto. A la pregunta de Goldberg «¿Quién es ahora Jeanne?», Carl respondió: «Ahora es mi esposa, Marta»; y a la pregunta «¿Quién es Gene ahora?» contestó «Mi hermano menor».

En la segunda vida analizada en regresión, Carl se vio en la Alemania del siglo XIV, como un soldado llamado Hans que defendía un castillo. Llegó a ser comandante de tropa y se prometió con Helena, la hija del propietario del castillo. Al cabo de un tiempo se casó con ella, tuvieron un hijo y logró instalarse en los aposentos más bellos del castillo expulsando a la madre de Helena. Esta última pagó a otros militares para que atacasen el castillo y matasen a Hans y Helena. Los mercenarios, presos de una extremada violencia, además de a los esposos, mataron también al hijo. A las habituales preguntas del doctor sobre la correspondencia entre esas personas y las que en su actual vida Carl encontraba a su lado, el hipnotizado respondió que la esposa del propietario del castillo era su esposa, Marta.

La última vida analizada en regresión por Carl se situaba en el siglo XIX, en Estados Unidos, concretamente en el estado de Maine. Él se llamaba Jake y era aficionado a la caza. Una vez, por error, alcanzó en lugar de a un ciervo a su querido amigo Sam, que murió poco después. El hipnotizado confesó que la entidad de Marta había encarnado en esta última existencia al pobre Sam, ¡cambiando por primera vez de sexo en su ciclo de renacimientos!

Tratemos ahora de entender cuál es el nexo lógico que une las tres vidas y que ha dado lugar a los actuales problemas de Carl con Marta.

Durante la primera existencia, la vivida en Alemania, Carl (Hans) había actuado de forma muy injusta hacia la entidad encarnada de Marta, al obligar a la esposa del propietario a abandonar el castillo. Pero esta última había reaccionado de forma excesiva, hasta el punto de suscitar otra grave reacción por parte de la entidad de Carl. En efecto, en Francia Carl (Ladin) había renunciado a tener hijos después de la muerte del primero y en la última vida había causado la muerte de Marta (Sam). La impotencia actual representa la última compensación de daños que exigía a la entidad de Marta, aunque a costa de más problemas personales. Los problemas de impotencia cesaron precisamente cuando Carl se dio cuenta de los verdaderos orígenes de su mal.

Los expertos en Europa

Los hipnotizadores regresivos que operan en el Viejo Continente también han obtenido resultados muy interesantes.

En Alemania, Thorwald Dethlefsen ha reunido una casuística impresionante que ha relatado en el libro *La experiencia de la reencarnación*. El caso más llamativo es sin duda el de una periodista que bajo hipnosis retrocede a una vida en la que encarnaba a Anna Schwenzer, nacida el 17 de abril de 1832 en Neuenbroock; posteriormente logró comprobar la existencia real de una Anna Schwenzer en esa localidad en el siglo XIX.

En cuanto a la situación en nuestro país, existen numerosos estudiosos y centros esotéricos o psicológicos que realizan unos estudios muy serios. En las principales ciudades hay expertos a disposición de quien desee saber a través del método hipnótico algo concreto sobre sus vidas pasadas, que han ayudado a muchas personas a encontrar el sentido de sus vidas actuales y a superar también trastornos psicofísicos de origen kármico.

LAS VERDADERAS CAUSAS DE LA ENFERMEDAD

Si nos preguntasen qué es la «enfermedad», todos sabríamos exactamente qué responder, y si nos interrogasen sobre qué sentimos diríamos frases del tipo: «No me encuentro bien», «Me siento alterado», «Me duele la cabeza». En efecto, normalmente analizamos y dividimos el problema en un esquema binario de opuestos: «Estoy normal/No lo estoy», «Estoy curado/No lo estoy», «Me duele el vientre/No me duele», «Estoy bien/No lo estoy». Sin embargo, en realidad, ¿cuántos saben qué es verdaderamente la enfermedad? ¡Muchos menos de lo que se cree!

No pretendemos en absoluto ofrecer aquí un tratado de patología médica, sino ayudar al lector a entender por qué y cuándo enfermamos, y a evaluar luego el nexo lógico que vincula la enfermedad a nuestro destino y vivencias anteriores y actual para hallar y proponer una posible vía de curación, que cada cual debe investigar por su cuenta.

Desde el punto de vista médico, la enfermedad consiste en un estado alterado del equilibrio orgánico. Este, recordémoslo, es una sutil combinación energética, química, psicológica y espiritual. La enfermedad sería entonces un desequilibrio de un estado normal de salud. El problema surge cuando analizamos el verdadero estado de la enfermedad sin limitarnos a observar sólo los extremos patológicos de la misma, constatar los síntomas, hacer un historial y proponer un tratamiento de los reflejos externos, sino que vamos más allá. Y es aquí donde interviene el verdadero terapeuta, aquel que considera la enfermedad un desequilibrio entre la materia y el espíritu, entre el alma y su representación en la dimensión terrenal. En efecto, la enfermedad es un no recordar nuestros orígenes, significa no aceptarnos tal como somos, no entender que primero enferman el espíritu y la mente, y después, el cuerpo.

El hombre nació sano, pero luego perdió su pureza con el pecado original, cediendo a la materia. El pecado crea las enfermedades, tanto las presentes como las futuras. El concepto no está vinculado en absoluto a un rígido moralismo persecutorio, o liberatorio si se quiere, sino que es un análisis de la situación presente y pasada de la humanidad. Dios creó la primera pareja humana y le regaló el paraíso terrenal con el propósito de extender y ampliar toda la espiritualidad innata, presente en el acto de la creación: «Sed prolíficos y multiplicaos, poblad la tierra y dominadla» (Génesis 1, 28). Pero Adán y Eva desobedecieron a Dios, perdiendo así la posibilidad de exaltación en el espíritu de la unidad. Sin embargo, Dios es magnánimo, y el destino de la humanidad y del mundo no ha cambiado. «Los justos poseerán la tierra y residirán en ella para siempre» (Salmo 37, 29). No obstante, se nos infligen castigos y advertencias para entender mejor que la exaltación de la búsqueda de paz y bienestar con la unidad trascendente ya no se nos regala, sino que debemos conquistarla con sacrificio, dolor y sufrimiento. Aparece, en consecuencia, la enfermedad, para que no olvidemos quiénes somos, de dónde venimos, qué hemos hecho y cómo nos curaremos acercándonos a Dios.

Al principio, los brujos, los magos, los sacerdotes y los «expertos», es decir, aquellos que ya habían tenido una mayor integración con las cosas y el alma de grupo de la Tierra, curaban las enfermedades. Por eso curar se consideraba un hecho religioso. La fe sanaba al enfermo. Más tarde nació la moderna medicina, gracias a ilustres «iniciados». Uno de ellos fue Hipócrates, que comenzó a identificar las causas de las enfermedades con factores orgánicos aislados, uniendo el estudio del estado patológico al diagnóstico y al tratamiento.

Conviene recordar que debe considerarse la enfermedad una lección que seguir y afrontar, y de la que aprender a vivir, para proseguir del mejor modo posible en el crecimiento espiritual. Del sufrimiento nacen la necesidad y la fuerza de volver a la esencia primaria del Uno. Como afirma Dethlefsen: «Con el reconocimiento de la culpa, el paciente toma conciencia de la entera responsabilidad del destino, descubrimiento que conduce a la curación». En las circunstancias actuales, todo esto se aplica afrontando la realidad, saboreándola, estudiándola, comprendiéndola y esculpiéndola en la propia mente gracias al reconocimiento de nuestras zonas de sombra, gracias a las modernas (¡aunque es más correcto decir antiguas!) terapias alternativas, a la medicina clásica y a las bioterapias.

El concepto de pureza está vinculado al de salud. Así, la nostalgia acentúa la enfermedad, el sistema inmunitario deja de funcionar de forma óptima, no se integra con el resto del cuerpo y con la realidad que le rodea (un caso que nos deja estupefactos es el SIDA o Síndrome de Inmunodeficiencia Adquirida). En esta situación, el cuerpo ya no se quiere defender y se deja atacar por todos los agentes externos. Para curarse es necesario descubrir el verdadero mensaje de la enfermedad y, por lo tanto, de nuestro yo interior. Toda enfermedad es una culpa e indica un acontecimiento que hemos sufrido o hemos causado a alguien en una vida pasada. Nos obliga a hacernos preguntas, a verificar cosas sucedidas, los errores que cometimos en el pasado o que estamos cometiendo ahora. Así pues, cada enfermedad es indicio de una petición de ayuda por parte del interior de nuestro cuerpo, de nuestra mente, de nuestra psique, petición dirigida principalmente a nosotros mismos, pero también a quienes nos rodean, para despertarlos del sopor y obligarnos juntos a verificar una realidad no aceptada.

Escribe también Dethlefsen: «Las enfermedades son un bien dado a la humanidad», a las que es necesario prestar atención, porque la simple curación de los síntomas no resuelve sino que oculta los verdaderos problemas presentes dentro del alma de cada uno de nosotros, problemas provocados por actitudes y vivencias equivocadas que provocan trastornos orgánicos, como veremos a continuación en algunas enfermedades que afectan a la sociedad actual. Por ello, es preciso cribar los posibles comportamientos de las pasadas encarnaciones y compararlos con la evolución actual del estado patológico.

Usaremos las enfermedades como un plano con varios niveles y como un sistema para perseguir importantes verdades y desarrollar algunas cualidades específicas útiles para trabajar en nuestro desarrollo interior. Iniciemos ahora un viaje a través de las principales y más comunes enfermedades actuales, con la esperanza de poder dar a cada uno de los lectores una saludable sacudida y un impulso para renovarse, comprenderse, aceptarse y cambiar sus hábitos de vida, sin olvidar que podemos dirigir y formar la realidad física como réplica a nuestras ideas positivas o negativas.

Podemos dividir las enfermedades en necesarias e innecesarias; la diferencia se debe a nuestro estado de ánimo y a la posibilidad que le dejamos de fluir libremente fuera del cuerpo, sin bloquearlo con rechazos neuróticos. Así pues, dejemos que nuestro yo interior nos indique si estamos cometiendo o no errores mentales, o si los hemos cometido. Entenderemos ahora la enfermedad como un proceso de descubrimiento; cuanto más claros sean los síntomas, más próxima estará la solución de la patología misma y de los problemas relacionados. A continuación, con la evolución de la enfermedad, empezaremos a cambiar nuestra actitud mental buscando el progreso interior, para llegar a la resolución natural de los actos y hechos cometidos.

Ahora, tomaremos en consideración algunas enfermedades y síntomas que nos permiten ejemplificar muy bien la relación que existe entre nuestras vidas pasadas y la actual.

Enfermedades del aparato digestivo

Acetonemia, ardores y acidez de estómago

- Estado patológico y causas:
— mala metabolización de las grasas alimenticias y aumento del ácido clorhídrico producido por las células del estómago;
— escasa protección de la mucosa gástrica provocada por una reducción de la mucosidad de protección.

- Errores cometidos en las vidas pasadas:
— se hizo un uso incorrecto del estómago y de todo el aparato digestivo, es decir, se ingirió un exceso de comida y de bebidas ácidas y grasas por glotonería;

— es posible que hayamos alimentado de forma no adecuada, distraída o irracional a otras personas, obligándolas a tomar alimentos ácidos por estar verdes o enmohecidos;
— en otros casos, podemos haber actuado con violencia contra el estómago de otras personas.

Colon irritable

- Estado patológico y causas:
— intolerancia por parte del intestino de algunas sustancias, con disfunciones que se manifiestan periódicamente en forma de dolores y calambres que se pueden acentuar con la evacuación;
— distonía neurovegetativa;
— dieta con una aportación incorrecta de fibra.

- Errores cometidos en las vidas pasadas:
— uso incorrecto del intestino en las pasadas encarnaciones, relacionado también con intoxicaciones reales debidas al abuso de «alimentos» incompatibles con el intestino (toma de venenos) o con el suministro de los mismos a otras personas;
— a menudo, es posible remontarse también a un comportamiento aberrante a nivel nervioso, con decisiones que están ligadas a la frecuentación de ambientes particulares como posadas, etc., donde se cometen excesos con la bebida o con la irritabilidad, y donde hay un exceso de violencia contra nosotros mismos o contra los demás.

Disentería

- Estado patológico y causas:
— evacuación excesiva con aumento o alteración de las contracciones intestinales;
— peristalsis intestinal modificada por hipersensibilización;
— consumo excesivo de líquidos;
— enfermedades infecciosas localizadas o alteración de la flora bacteriana local;
— abuso de medicamentos.

- Errores cometidos en las vidas pasadas:
— consumo excesivo de líquidos, desde el alcoholismo hasta una excesiva hidratación;
— infecciones intestinales provocadas a otros o a uno mismo;
— consumo de medicamentos equivocados;
— desde el punto de vista psicológico, hay un exceso de acciones perjudiciales contra otras personas, como la propiciación de borracheras y similares.

Estreñimiento

- Estado patológico y causas:
— en este caso, tenemos un tránsito intestinal alterado con «retención» de materia;
— dificultad para evacuar;
— síndromes varicosos localizados y dolorosos;
— causas endógenas relacionadas con factores genéticos;
— causas fisiológicas debidas a dietas incorrectas con alteraciones en el consumo de fibra vegetal.

- Errores cometidos en las vidas pasadas:
— en la pasada existencia se observó una conducta alimentaria incorrecta y distraída, que nos causó desnutrición a nosotros mismos o a otras personas;
— además, lo más probable es que se tuviese un comportamiento avaro y huraño hacia los demás; no nos permitimos hacer obras de bien por miedo a perder la «materia», la misma que hoy nos cuesta entender, dejar y secundar.

Vómito

- Estado patológico y causas:
— movimiento irrefrenable de las vísceras acompañado de la musculatura abdominal con expulsión de materia hacia fuera;
— alteraciones microbianas y neurofisiológicas relacionadas con el rechazo del alimento o con un acontecimiento tan fuerte que no podemos aceptar la «materia» que se nos suministra desde el exterior y que a algún otro se le quita;

— estado orgánico que lleva rápidamente al debilitamiento y a la depauperación de la esencia vital si no se comprende en breve plazo a qué se debe el tremendo «peso en el estómago» y no se elimina la causa de este trastorno.

- Errores cometidos en las vidas pasadas:
— la probabilidad mayor es la de haber mantenido o tolerado comportamientos aberrantes en el plano moral, que han causado una sensación de «asco» en la vida pasada.

Caries, gingivitis y piorrea

- Estado patológico y causas:
— falta de higiene bucal y escasa cantidad de flúor;
— abuso de sustancias dulces;
— inflamaciones microbianas y por hongos;
— presencia de pústulas rojas en la pared bucal;
— encías sangrantes y malolientes.

- Errores cometidos en las vidas pasadas:
— probablemente, nuestra voluntad no se ocupó de la correcta higiene dental ni controló el consumo de sustancias nocivas. De esta forma queremos castigarnos inconscientemente por el mal uso que hicimos de los dientes;
— adoptamos una alimentación demasiado voraz, hicimos un uso excesivo de la sonrisa para atraer la atención, o nos comportamos de forma agresiva y cínica;
— también es posible que nuestro comportamiento causase enfermedades a los dientes de los demás, literal y metafóricamente.

Enfermedades del sistema muscular y óseo

Artritis reumatoide

- Estado patológico y causas:
— enfermedades caracterizadas por procesos inflamatorios de las articulaciones, del tejido conjuntivo y de la estructura de los huesos y músculos;

— como consecuencia básica padecemos una rigidez en toda la estructura acompañada de dolores.

• Errores cometidos en las vidas pasadas:
— ha existido por parte del alma una incapacidad para expandir su conciencia a través de las vías de la realidad y los vínculos de la estructura psicológica, por excesiva rigidez conceptual; por lo tanto, se vive en la actualidad con un cuerpo poco móvil por la artritis reumatoide, soportando el bloqueo del cuerpo con calambres, lumbalgias y torceduras dolorosas atribuibles también a un uso incorrecto del órgano afectado (por ejemplo, respecto a las piernas, hemos caminado mal, las hemos utilizado mal o con nuestras acciones hemos provocado la cojera de otra persona). De esta forma, el inmovilismo obliga a reflexionar sobre la base de la propia conciencia, que será capaz de volar libre de las limitaciones materiales y de las anteriores experiencias unívocas.

Enfermedades genéticas

Obesidad

• Estado patológico y causas:
— es una enfermedad relacionada con una serie de factores endocrinos o genéticos, o también con una alimentación descuidada;
— se caracteriza por un aumento del peso corporal superior al 20 % del peso medio normal por sexo y altura.

• Errores cometidos en las vidas pasadas:
— la obesidad es una de las opciones principales que puede adoptar nuestra entidad para poner en práctica un severo castigo por los pecados pasados. En la mayoría de los casos hay un rechazo del cuerpo, el aspecto y la apariencia física de las vidas anteriores; ahora nos sometemos a un rechazo de nuestro cuerpo, que despreciamos;
— también es posible que sometiésemos a los demás a una excesiva alimentación o que les obligásemos a parecer poco atractivos e indeseables.

Afecciones del aparato respiratorio

Tos, dolor de garganta y resfriado

- Estado patológico y causas:
— la tos, el dolor de garganta o la sinusitis son patologías por enfriamiento o alergias. Se desarrollan con dificultades respiratorias que, al reducir la oxigenación del organismo, causan una disminución de la fuerza vital material.

- Errores cometidos en las vidas pasadas:
— estas patologías revelan abusos en las relaciones sociales y culturales durante las pasadas encarnaciones; es como si se hubiese respirado un aire viciado, lleno de microbios capaces de contaminar ambientes moralmente honestos transformándolos en equívocos o bien en amorales;
— también pueden haber sido causadas por bruscos enfriamientos tanto materiales como morales con distintas personas;
— en caso de tos y dolor de garganta muy frecuentes, ha habido abusos y errores en la comunicación con otras personas: gritándoles o recurriendo a las descalificaciones;
— también puede haberse practicado una alimentación, no tanto excesiva en los contenidos, sino desarreglada en cuanto a horario o de forma irregular e ilícita, por lo que cuesta tragar y comer;
— por último, con el resfriado, dado que la recepción de los olores se ve considerablemente atenuada, existe la posibilidad del contrapaso, es decir, del abuso de perfumes u olores «prohibidos»;
— el resfriado también puede ser de origen vírico y, por lo tanto, contagioso; en la última vida podemos haber contagiado de diversas formas a otras personas.

Enfermedades del aparato visual

Miopía y presbicia

- Estado patológico y causas:
— alteraciones del campo visual acompañadas de infecciones oculares, glaucomas y retinopatías son sólo algunas

de estas patologías. Todas conllevan una mala visión de lo material que nos rodea; según las predisposiciones personales, podemos ver la realidad o no en nuestra mente.

- Errores cometidos en las vidas pasadas:
— desde un punto de vista kármico queríamos ver o mirar cosas que no debían verse ni, tal vez, oírse; en el caso de los miopes, lo lejano, y en el de los hipermétropes, lo cercano.

Enfermedades del sistema nervioso y neurovegetativo

Anorexia

- Estado patológico y causas:
— falta de apetito.

- Errores cometidos en las vidas pasadas:
— se observaron comportamientos de bulimia en las vidas pasadas;
— se rechaza la comida porque se tomó demasiada;
— también puede relacionarse con consecuencias de tipo kármico ligadas a la codicia y a la riqueza.

Cefalea

- Estado patológico y causas:
— dolor de cabeza continuo e intermitente, crónico o puntual, ocasionado por la dilatación de los vasos sanguíneos que transportan la sangre al cerebro.

- Errores cometidos en las vidas pasadas:
— es atribuible a un uso incorrecto de la cabeza y del cráneo, pero también de todos los órganos y aparatos relacionados con la cabeza;
— no se excluyen accidentes en la cabeza de diversa naturaleza.

Meteoropatía

- Estado patológico y causas:
— hipersensibilización orgánica y psíquica a los cambios climáticos.

- Errores cometidos en las vidas pasadas:
— pueden haberse vivido cambios bruscos de carácter climático respecto a lo que se estaba acostumbrado en vidas anteriores;
— también es posible el aprovechamiento de los agentes atmosféricos para perjudicar al prójimo (corrimientos de tierras, inundaciones, etc.).

Esquizofrenia

- Estado patológico y causas:
— se presenta una disociación de la personalidad de tipo psicológico.

- Errores cometidos en las vidas pasadas:
— se caracteriza por diversos tipos de comportamientos kármicos que han inducido al prójimo a actuar de forma contradictoria, olvidando sus principios;
— además, se han desarrollado actividades muy desordenadas o se ha profundizado demasiado en algunas disciplinas científicas.

Ansiedad

- Estado patológico y causas:
— estado de malestar, con incapacidad para aceptar lo que sucede, que causa una disminución de los plazos de respuesta a un determinado estímulo.

- Errores cometidos en las vidas pasadas:
— la ansiedad nace por haber motivado en vidas pasadas esa misma reacción en otros, por no respetar las reglas, la libertad de elección individual y la autodeterminación, lo que ha creado problemas al prójimo en lugar de ayudarle.

Depresión

- Estado patológico y causas:
— estado de bloqueo psicológico que se manifiesta en una incapacidad general para aceptarse tanto material como psicológicamente, lo que acaba llevando a la reacción nula frente a la vida.

- Errores cometidos en las vidas pasadas:
— vivimos en vidas pasadas con excesiva euforia y demasiada pasión, yendo a veces contra las leyes morales. El deprimido ya no tiene ganas de vivir porque tuvo demasiadas antes, abusó de su energía y provocó la depresión en los demás o los volvió neuróticos o maniáticos.

Enfermedades de la piel

Celulitis, descamación e irritaciones

- Estado patológico y causas:
— alteraciones del pH del manto lipídico con los consiguientes dolores y problemas estéticos.

- Errores cometidos en las vidas pasadas:
— la mayoría de estas enfermedades se debe a un tratamiento aberrante de la piel en las pasadas encarnaciones. Las enfermedades relacionadas con una degeneración estética (acné, celulitis...) representan castigos autoimpuestos por comportamientos pasados vanidosos o narcisistas. En otros casos, se han provocado a otras personas daños en la piel (quemaduras, descamaciones, etc.).

Enfermedades cardiacas

Hipertensión e hipotensión

- Estado patológico y causas:
— como sabemos, el corazón es la parte pulsante de nuestro cuerpo material, y junto al cerebro es el eje que sostiene la

intersección entre nuestro yo material y la realidad que nos rodea. Un dolor en el corazón es en realidad un dolor del alma: la angina de pecho, el infarto y la presión alta son patologías que ponen en tela de juicio la relación entre nuestro rendimiento físico y lo material-espiritual que nos rodea, obligándonos a reducir los contactos con este e impulsándonos a considerar la relación con la realidad material no sólo en función de nuestro cuerpo, sino también en relación con nuestro yo interior, nuestra mente y, por lo tanto, nuestra alma.

- Errores cometidos en las vidas pasadas:
— actuamos demasiado deprisa y con codicia, sin darle al corazón tiempo para descansar;
— además, podemos haber causado en los demás crisis existenciales enmarcadas en la dicotomía verdadero-falso, alma-cuerpo. Por eso ahora, al frenar nuestros ritmos vitales, nos vemos obligados a recuperar el contacto con nuestra alma.

Síntomas de enfermedades

Fiebre

- Estado patológico y causas:
— se caracteriza por una variación de la temperatura corporal debida a una alteración del centro termorregulador, causada por agentes tanto externos como internos del cuerpo;
— constituye un mecanismo de defensa del organismo contra la invasión de gérmenes, ya que provoca tanto advertencia como alteración del «ambiente» de la sangre y los tejidos, obstaculizando, posiblemente, la multiplicación microbiana.

- Errores cometidos en las vidas pasadas:
— la fiebre revela antiguos vicios kármicos de diverso tipo; nos estamos castigando por esos pecados y este es el síntoma más importante, porque quema y, en consecuencia, purifica (¿acaso no nos sentimos más cansados, pero también más felices, relajados y con nuevas ganas de vivir cuando la fiebre se aleja?).

CÓMO TRATAR LAS ENFERMEDADES MEDIANTE LAS TÉCNICAS DE BIOTERAPIA

Nuestra intención, sin pretender abarcar demasiado, es ilustrar la relación entre los campos energético y humano, entre enfermedades y métodos de tratamiento, pero, como veremos a continuación, es imposible observarlos y verificarlos todos. Así pues, nos vamos a centrar en los principales métodos para actuar en el campo energético humano, que son muchos y diversos (es más, podríamos decir que son infinitos). Todo aquel que lo desee puede establecer un método de integración de su propio yo en el microcosmos para obtener así la llave que abre la propia alma y, por lo tanto, el puente de conexión entre lo material y lo espiritual. La operación no es fácil ni indolora, ya que comporta la existencia de una vivencia de elevada espiritualidad.

No obstante, podemos, incluso debemos, acercarnos también a las principales técnicas de la bioenergética, examinando las experiencias y pruebas ya realizadas por algunos iniciados que han asumido la función de abrir el camino de la curación, cuya meta, recordémoslo, es siempre la felicidad personal.

Pensemos, además, que la concepción básica de todas las terapias que analizaremos es tratar al hombre antes que a la enfermedad. En efecto, la medicina convencional se centra en las patologías concretas, sin prestar atención a la enfermedad de la humanidad. El verdadero problema consiste en el estado patológico del yo interior, y no del cuerpo material que lleva y sufre sus consecuencias.

El paciente debe sentir la enfermedad dentro de sí, aceptarla, expresarla, cuidarla y «amarla». Sólo así logra liberarse de ella y avanzar a lo largo del éxtasis espiritual, proporcionado por la liberación completa del karma.

Los principales métodos que analizaremos son la homeopatía, el estudio del aura y el karma yoga.

La homeopatía

La homeopatía, a pesar de lo que dicen sus detractores, es una ciencia médica nacida de un importante estudio científico de comparación hecho por Samuel Hahnemann, médico de finales del siglo XVIII. Como su nombre indica, la homeopatía surge de la observación experimental de que lo similar cura lo similar, y se diferencia de la medicina convencional en que trata una enfermedad o síntoma recomponiendo la bioenergía del organismo en base a: si la administración en dosis determinadas del extracto de una sustancia perteneciente al reino mineral, animal o vegetal provoca en una persona sana la aparición de cierta sintomatología, la misma sustancia en dosis de dilución homeopática, y enriquecida energéticamente, curará la enfermedad de un paciente que presente los mismos síntomas propios de la enfermedad. Así pues, a diferencia de la medicina alopática, que utiliza medicamentos para tratar la sintomatología, la homeopatía no se detiene en el síntoma, sino que avanza más estimulando al organismo a reaccionar por sí solo, movilizando sus defensas incluso contra las manifestaciones externas de la enfermedad.

En la actualidad, podemos considerar a la homeopatía la medicina de lo vivido y de la experiencia, principios a los que se recurre sólo tras la aplicación inicial de la homeopatía, y que superan la forma estrictamente terapéutica para adentrarse en la bioenergética del alma y de las fuerzas vitales que controla o por las cuales es controlada. Por consiguiente, un cuidadoso estudio homeopático prevé una acentuada personalización de la terapia. En efecto, pueden administrarse medicamentos distintos para enfermos con idénticos síntomas pero distinto componente psicológico.

En sus estudios, Hahnemann, partiendo de la medicina clásica, evaluó unas alternativas caracterizadas por elementos originales que se expresaban en los tratamientos, pero manteniendo firme, y es importante reiterarlo, el diagnóstico, que resultaba idéntico para médicos homeopáticos y alopáticos.

El homeópata evalúa los efectos tóxicos del producto administrado en altas dosis, luego analiza los efectos psíquicos y físicos producidos por dosis inferiores (subtóxicas), valorando la aparición de los síntomas clínicos en voluntarios sanos y, a continuación, evalúa la aparición de los síntomas en el enfermo mediante la administración del producto en dosis homeopáticas, buscando la dosis óptima para el individuo sensible y valorando el terreno constitucional en el que se desarrolla el propio síndrome.

Por ello, el correcto médico homeópata, antes de poder administrar un remedio homeopático, debe tener una larga conversación con el enfermo para poder conocer y evaluar, además de los síntomas externos, sus problemas psicológicos y kármicos. Analiza todas las enfermedades que ha sufrido el paciente, su historia personal, emotiva, laboral y comportamental. A continuación, escoge el remedio efectuando la síntesis de toda la sintomatología que presenta el paciente e integrándolo en una especie de norma tipológica, a la que corresponde un remedio básico seguido de uno o varios remedios sintomatológicos. La correcta identificación del remedio «personalidad» identifica, acumula y potencia el efecto de los otros.

Principales tipos psicológicos homeopáticos

La homeopatía de Hahnemann divide los tipos psicológicos constitucionales en tres categorías principales a las que siguen las constituciones mixtas. La distinción y determinación del tipo constitucional es de fundamental importancia, ya que la pertenencia o no a un tipo puede dirigir la serie de patologías a las que podemos estar expuestos.

Las tres constituciones son: carbónica, fosfórica y fluórica.

La primera identifica a una persona de físico robusto, de altura inferior a la media, resistente a las enfermedades, con carácter obstinado, autoritario, preciso y metódico. Su rostro suele ser cuadrado. Estos individuos son frioleros, temen la humedad, están expuestos a la obesidad, a la hipertensión y a la desnutrición. También se les denomina individuos de sulfuro, porque tienden a sufrir manifestaciones patológicas de la piel como dermatitis, abscesos, etc.

En cambio, el tipo fosfórico es delgado, más alto que la media, de rostro triangular y manos largas y afiladas; es un esteta y minimiza sus trastornos.

Por último, la constitución fluórica corresponde a un individuo de carácter inestable, cambiante, emotivo, enemigo del orden y que detesta la soledad. Suele presentar una desmineralización de los huesos y está vinculado al mercurio.

Tratamiento homeopático

La homeopatía armoniza los tratamientos asociados a distintos tipos de enfermedad. Ello requiere una especie de separación de los tratamientos de la medicina alopática, y es posible que los remedios homeopáticos no hagan efecto porque el medicamento ha modificado ya el terreno patológico en el que actuar.

El remedio homeopático es considerado portador de una información que consiste en la presencia de un campo energético asociado a las moléculas de agua que se energizan para resolver una descompensación del organismo. Los fármacos son unas pequeñas píldoras, o bolas dulces, constituidas por una base de lactosa sobre la que son estratificados los extractos obtenidos con el método de dinamización de Hahnemann. Estos deben disolverse bajo la lengua para ser absorbidos por las mucosas. Es importante no beber café, no lavarse los dientes, ni fumar o consumir otras sustancias al menos treinta minutos antes y treinta minutos después de la ingestión de estos productos. Asimismo, no hay que tocarlos con las manos, ya que se puede alterar la dinamización, la intensidad y la dirección del campo magnético asociado con una determinada sustancia y dosificación.

Preparación de los productos homeopáticos

Como sustancias de partida se utilizan todas las presentes en la naturaleza, procedentes del mundo animal, vegetal y mineral. Los principales métodos de dilución son indicados en centesimales (C) y en decimales (D) acompañados de la letra *H*.

MÉTODO DECIMAL

Sustancia de base: extracto alcohólico, hidroalcohólico o tintura

S. de base + 10 partes de disolvente = dilución D1
1 parte D1 + 10 partes de disolvente = dilución D2 (relación 1/100)
1 parte D2 + 10 partes de disolvente = dilución D3 (relación 1/1000)
1 parte D3 + 10 partes de disolvente = dilución D4 (relación 1/10000)
1 parte D4 + 10 partes de disolvente = dilución D5 (relación 1/100000)...

... y así sucesivamente hasta llegar a diluciones mayores.

Conviene recordar que en cada paso se produce un acto de potenciación y energización del derivado diluido, y que aumenta así la potencia bioenergética del preparado, es decir, ya no está presente la materia en sí misma sino su recuerdo espiritual, que resulta más nítido cuanto mayor es el grado de potenciación y, por lo tanto, de agitación y dilución del preparado. Así pues, lo que, según la lógica parece un contrasentido para la medicina alopática se transforma en la esencia primaria curativa de la medicina homeopática. El médico tratará con dosis más elevadas, y en consecuencia más diluidas y potenciadas, cuanto más similar sea el enfermo a la enfermedad.

MÉTODO CENTESIMAL

S. de base + 100 partes de disolvente = 1 CH
1 CH + s. de base + 100 partes de disolvente = 2 CH
2 CH + s. de base + 100 partes de disolvente = 3 CH
3 CH + s. de base + 100 partes de disolvente = 4 CH
4 CH + s. de base + 100 partes de disolvente = 5 CH...

... y así sucesivamente hasta las dosis 30 CH o 200 CH.

Luego, como ya hemos indicado, estas soluciones son absorbidas por bolitas de lactosa y se obtienen los gránulos. En la terapia de la que ahora damos unos ejemplos se debe recordar: mientras que para dosis bastante bajas (4 CH o 5 CH) hay que utilizar varios gránulos al día, las diluciones más altas, por ejemplo 30 CH, pueden tomarse dos veces por semana, y las diluciones mayores, 200 CH, una vez al mes o a intervalos mucho más largos (6 meses). Ello se debe, y repetimos el concepto, a que las diluciones más altas contienen el alma de la enfermedad y, por lo tanto, de la salud, del tratamiento y de la curación, y por eso se deben utilizar con cuidado, porque pue-

REMEDIOS HOMEOPÁTICOS	PATOLOGÍAS
Árnica	torceduras, trastornos del aparato muscular y óseo
Ácido fosfórico	fatiga, agotamiento nervioso, cansancio mental
Belladona	otitis, trastornos del oído, dolor de garganta
Brionia	reumatismos y dolores que mejoran con el reposo y empeoran con el movimiento
Caléndula	cicatrizante, desinfectante y refrescante de la piel
Ciclamen	neuralgias, migrañas, dolores menstruales
Drosera	tos seca, tos ferina
Hierro	anemia
Jazmín amarillo	menstruaciones dolorosas, ciática, neuralgias
Grafito	problemas de la piel, urticaria, pruritos
Kalium bichromicum	irritaciones e infecciones de los bronquios
Litio	reumatismos, gota
Nuez vómica	problemas intestinales debidos a nerviosismo, alteración de los jugos gástricos

den resultar peligrosas. Si no estamos preparados para la verdad de la enfermedad o no estamos dispuestos a curarnos, la patología puede afectarnos más de lo que creemos. Por ello, más allá de determinadas enfermedades comunes ricas en síntomas fáciles de identificar, siempre es oportuno recurrir a la opinión y los tratamientos de un homeópata serio, y no al consejo de algún amigo o conocido. En la pág. 144 damos las indicaciones generales sobre el uso de algunos remedios homeopáticos, recordando, no obstante, que siempre debemos acudir a un médico o farmacéutico homeópata para las dosis y la patología.

El campo bioenergético o aura

Después de examinar la medicina homeopática, llega el momento de evaluar el campo bioenergético o aura. El aura siempre ha formado parte de la esencia de las cosas materiales, pero sólo últimamente se ha empezado a estudiar con método científico. Los enfoques han sido diversos y de notable complejidad interpretativa, por lo que nos limitaremos a especificar el significado del aura según las implicaciones de origen bioquímico energético y las prácticas que conlleva.

Nuestro cuerpo está formado por una serie de moléculas, que están constituidas, a su vez, por átomos, electrones y una serie infinita de partículas subatómicas. Al moverse a velocidades próximas a la de la luz, algunas de estas partículas inducen, con fracciones de carga eléctrica, campos magnéticos y energéticos. Como resulta comprensible, puesto que estamos en presencia de una parte de nosotros o, si se prefiere, del universo que se mueve, tenemos unos campos energéticos dinámicos con un continuo flujo de energía positiva o negativa respecto a todos los demás componentes del ecosistema con los que entramos en contacto.

El investigador ruso Viktor Iujusin propone la existencia de un campo energético constituido por protones libres, electrones libres e iones que se entrelazan en una mística danza entre material e inmaterial, visible e invisible, alternando los diversos estados de la materia y del espíritu, en torno a un núcleo plástico y material del que está formado nuestro cuerpo. En él, estamos inmersos en una serie de campos vitales producidos por el corazón, hígado, riñones, piel, cerebro y pensamiento, que llevan a un único campo bioenergético que tiene los colores del aura y en la parte interior exterioriza la felicidad, la tristeza, la pasión, el sufrimiento y la expansión mística de nuestro Yo, pero también de nuestros órganos internos. Igual que cambia el estado de estas cosas, lo hace la consistencia del aura, que estudian y nutren los bioterapeutas con su propia acción, por ejemplo, con la imposición de las manos.

El fenómeno del aura se plantea en una dicotomía respecto al campo material objetivo, pues está tanto dentro del tiempo y de la realidad objetiva como fuera de ella y del espacio tridimensional. El aura está formada por siete capas superpuestas y compenetradas, y cada una de ellas está asociada con un chakra. Estos se integran y se exteriorizan en el paso sucesivo desde la primera capa, la más material, hasta la séptima, la más espiritual. En particular, la primera capa se asocia con las sensaciones físicas: tacto, calor, frío, dolor y placer. La segunda capa, con la parte emotiva: el sentimiento. La tercera, con la estructura mental: pensamiento, razonamiento. La cuarta capa se asocia con el corazón: el amor por el universo, por nosotros mismos, por la pareja. La quinta capa está vinculada al habla: la capacidad de expresar conceptos y pensamientos, y a continuación aplicarlos con la materialización en una realidad que puede ser objetiva o virtual, según prefiramos. La sexta capa comprende el amor inmenso que nace de la comprensión de las cosas de la naturaleza del universo, de lo visible y de lo invisible, y la vida en su conjunto. Por último, la séptima capa abarca la expresión del ser y de la mente superior que hay en nosotros, es decir, nuestra alma, y, por lo tanto, la integración total entre nuestro yo material y nuestra Esencia espiritual.

Se comprende entonces cómo es posible que un pranoterapeuta, que identifica normalmente las primeras capas del aura, evalúe los recuerdos, las experiencias, las sensaciones físicas y las emociones conectadas con nuestro sistema energético para ponerles remedio captando las sensaciones energéticas de la enfermedad y del estado de alteración generado por la misma.

A continuación, hablaremos de los chakras. Existen siete chakras superiores y veintiuno inferiores. Los primeros están localizados en orden ascendente: el primero cerca de las gónadas, el segundo en la región sacra, el tercero en el plexo solar, el cuarto en el corazón, el quinto a la altura de la garganta, el sexto en la frente y el séptimo en la parte más alta de la cabeza.

Tienen una función muy importante, ya que permiten que la energía fluya de forma biunívoca desde el aura. Esta energía puede ir hacia la parte externa material y sensitiva o provenir del universo y fundirse en nuestro interior.

Las disciplinas orientales trabajan en estos temas buscando una exaltación de la conciencia del yo que se obtenga aumentando el flujo de energía desde dentro hacia fuera. A una mayor energía le correspondería una más alta conciencia, pero si no estamos lo bastante maduros podemos sufrir desequilibrios y bloqueos del flujo energético que llevan a la enfermedad, a una variación de los sentimientos y a la imposibilidad de vivir de forma natural y libre.

Así pues, los chakras constituyen unas puertas que sólo se activan con unos actos de purificación, y sólo en esos instantes se convierten en transmisores de energía. El bioterapeuta estudia, entiende, intuye y puede intervenir en esta energía.

Veamos ahora cómo se trabaja con el campo energético y, por lo tanto, con la imposición de las manos. A cada chakra le corresponde a lo largo de la columna vertebral una glándula endocrina y un plexo nervioso que rige una serie de órganos. De estos salen las energías que se exteriorizan en la intensidad y el color del aura, que el pranoterapeuta aprende a conocer, identificar, variar y, por último, tratar.

Reproducimos a continuación una tabla que ilustra las interacciones entre el estado de los chakras, el aura, el color y el cuerpo físico:

NIVEL DEL CHAKRA	GLÁNDULA CONTROLADA	AURA-COLOR ENERGÉTICO	ÓRGANO INTERESADO
1 base	suprarrenal	rojo	riñones, columna vertebral
2 sacro	gónadas	celeste	órganos sexuales
3 plexo solar	páncreas	amarillo	estómago, hígado
4 corazón	timo	verde	sistema circulatorio
5 garganta	tiroides	celeste	bronquios, pulmones
6 cabeza	hipófisis	índigo	rostro
7 parte superior de la cabeza	epífisis	blanco	cerebro

En estos centros actúa el bioterapeuta para intervenir en su energía de representación mediante el calor y el campo magnético, y llegar, por último, a la eliminación del síntoma.

Karma yoga

El karma yoga es un método de meditación que se diferencia del yoga normal porque comprende también la esfera del propio karma. Al karma yoga nos acercamos por grados, primero concentrándonos en el yoga y posteriormente profundizando en nuestro ser. El objetivo consiste en conectarnos con la luz interior para aliviar los sufrimientos de la humanidad. Y podemos hacerlo porque la luz no está aislada, sino que se refiere a una interconexión con el alma de grupo mediante una obra de acción, trabajo y actividad en el mundo.

El karma yoga está abierto a todos aquellos que buscan la luz y una integración armónica con ella, a través del trabajo y la actividad cotidiana. El karma yoga es una actividad de acciones concentradas, de búsqueda espiritual llevada a cabo con los demás y por los demás, y que ayuda a avanzar por el propio sendero espiritual hasta alcanzar la conciencia superior y el conocimiento que lleva al desapego.

Para practicar el karma yoga es preciso observar y considerar la propia mente, para vehicular las acciones y los pensamientos; todo ello implica una notable concentración y agudiza la fuerza de voluntad. La total implicación en el trabajo libera las fuerzas de la mente y ayuda a valorar y conocer los problemas mentales. Y es esta actividad la que debe usarse como medio para sintonizar cuerpo y mente.

Así pues, el karma yoga no enseña la búsqueda del aislamiento sino la interacción con los demás para conocer los propios problemas mentales, compararlos y resolverlos mediante esa interacción.

Nuestro deseo es que todas estas palabras puedan ofrecer un poco de luz para avanzar, iniciar o verificar nuestro camino espiritual. Con el tiempo, el lector empezará espontáneamente a realizar acciones desinteresadas. Todo ello le ayudará a estar vivo y conseguir una mística integración entre introspección y actividad.

ESPIRITISMO Y REENCARNACIÓN

Dos tradiciones que contrastan

Por espiritismo se entiende, generalmente, ese conjunto de experiencias que dependen de fuerzas misteriosas y de la mediación particular de una potencia psíquica presente en una persona que recibe el nombre de *médium*: movimientos de cuerpos pesados por contacto, sonidos y ruidos repentinos e inexplicables, traslado de objetos a distancia, apariciones luminosas, escritura automática, visualización de «fantasmas», etc. Todos estos fenómenos serían el fruto de la manifestación de espíritus o entidades que habitan en una dimensión «espiritual».

¿Cuál es la relación entre el mundo de los espíritus y la reencarnación? ¿Los espíritus evocados a través de sesiones espiritistas y otros fenómenos similares son en realidad espíritus de entidades desencarnadas que han alcanzado nuevamente la dimensión espiritual? En tal caso, ¿qué poder efectivo tienen los médium para ponerse en contacto con ellos? ¿Las entidades evocadas pueden darnos de verdad unas indicaciones útiles y verídicas sobre el más allá y, en particular, sobre los mecanismos que rigen la reencarnación? A todas estas preguntas se han dado respuestas muy diversas a lo largo del tiempo y, por desgracia, los estudiosos del espiritismo no siempre han estado de acuerdo con quienes han analizado y profundizado en el ciclo de los renacimientos.

Hay dos escuelas clásicas de espiritismo: una latina, encabezada por el «mítico» ocultista del siglo XIX Allan Kardec (seudónimo del francés Hippolite-Léon-Denizard Rivail), y otra anglosajona, que agrupa a estudiosos ingleses y norteamericanos. La primera cree en la reencarnación, aunque incluye entre los numerosos tipos de renacimiento el que se define como «instantáneo» (una entidad sale de un cuerpo para entrar de inmediato en otro). La segunda escuela, en cambio, se caracteriza por un escepticismo frente a la reencarnación y todos sus fenómenos colaterales. Tradicionalmente ha considerado que los espíritus vivían una sola experiencia terrenal (postura que sigue siendo la propia de diversos espiritistas); sólo recientemente, la escuela anglosajona se ha abierto a cuestiones vinculadas con la reencarnación.

Allan Kardec escribió *El libro de los espíritus*, una especie de biblia del espiritismo reencarnacionista. Sin embargo, en algunos puntos se apartó de la doctrina de la reencarnación, cuyas leyes hemos expuesto en el segundo capítulo. Algún tiempo después, Madame Blavatsky, fundadora de la Sociedad Teosófica y divulgadora en Occidente de las teorías orientales sobre la reencarnación, expresó notables dudas sobre el llamado «kardecismo», es decir, sobre la posibilidad de evocar a espíritus desencarnados.

Vale la pena explicar las teorías teosóficas porque sus seguidores representan una especie de «abogados del diablo», por cuestionar las convicciones de algunos movimientos espiritistas; aunque según Blavatsky y su discípula Besant, en general se advierte una especie de prejuicio resentido hacia los aspectos considerados más «folklóricos» de la práctica espiritista. Según los teósofos, lo que los médium reclaman a la vida serían sólo unas «cáscaras», residuos del cuerpo astral de los difuntos, y no auténticas entidades. Les atraerían sensaciones y emociones en nada diferentes de las experimentadas en la Tierra hacia las personas más queridas, precisamente porque se caracterizan por el dominio de lo astral. Pero hay algo más grave y peligroso: si del exterior llegan estímulos causados por emociones y pasiones energéticamente negativas, también estos «espíritus» pueden adquirir aspecto maléfico. Además, reclamar que los cuerpos astrales vuelvan a la realidad terrenal perturbaría de forma considerable la evolución normal del retorno del difunto a su cuerpo mental y al estado de olvido espiritual. Por lo tanto, las sesiones espiritistas serían muy perjudiciales, poco aconsejables para el bien de los propios sensitivos.

Sesiones excepcionales e instrucciones de maestros

En la actualidad, las tesis de la teosofía parece estar en crisis. Muchos expertos en espiritismo que aceptan la idea de la reencarnación, incluso en su versión más próxima al mundo oriental, creen que es posible comunicarse con unas entidades desencarnadas reales, aunque ello no pueda tener lugar con frecuencia. Así, hay que distinguir cuidadosamente entre sesiones falsas y contactos reales con el más allá.

A través de excepcionales sesiones de espiritismo, es posible recibir enseñanzas de los «maestros», entidades desencarnadas que han alcanzado un alto nivel de evolución espiritual y que pueden hacernos partícipes, aunque sea de forma extraordinaria y en función de nuestra capacidad para captar el mensaje, de sus conocimientos sobre las leyes que rigen el mundo.

En los dos últimos siglos los maestros habrían hablado, a través de médium cualificados de verdad, de los fenómenos de la vida después de la muerte y de la reencarnación. ¿Y qué se supone que han dicho al respecto? Ante todo, los maestros indican que el hombre debe entender que la muerte física constituye sólo el primer paso hacia el verdadero ego, el espiritual, y que, por lo tanto, hay que prepararse ya en vida para alejar los pensamientos de las cosas materiales. Después de la muerte, la atención a la realidad espiritual facilitará la lenta disgregación del cuerpo astral (que dura por término medio treinta años), permitiendo acceder con mayor facilidad al cuerpo mental. Existe, además, en el plano astral una región llamada en inglés *sumerland* en la que individuos que en todo el mundo han nutrido ideas, credos y sentimientos análogos tienden a reunirse en comunidades particulares. Esto se debe no sólo a la fuerza de su afinidad, sino también a la supervivencia de los códigos comunicativos que impiden la comunicación global e indistinta, en cierto modo como los idiomas en la Tierra, aunque a un más alto nivel simbólico y arquetípico.

En las décadas en que nos vemos obligados a permanecer en el plano astral después de la muerte física, según advierten los maestros, nos arriesgamos a sufrir la perturbación de energías que llegan aún desde nuestro planeta, creadas en particular por los sufrimientos que afectan a parientes y amigos de la última encarnación. Por eso, los intentos morbosos de los vivos de ponerse en contacto con los muertos pueden perjudicar de forma real a las entidades de los difuntos, haciéndoles sufrir un gran retraso en el camino espiritual en el más allá.

En cuanto al tiempo que transcurre entre una encarnación y otra, los maestros indican que los intervalos varían mucho, porque dependen de las exigencias de cada entidad y las experiencias vividas hasta un momento determinado. De todas formas, en general, las primeras encarnaciones se producen una detrás de otra, en intervalos breves que se deben al ansia de experimentar muchas emociones terrenales para madurar más deprisa. Pero con el progreso del samsara esta carrera tiende a frenarse de forma considerable, hasta que pasan incluso varios siglos entre una existencia y otra, sobre todo cuando hay que reflexionar mucho sobre la forma de disolver un pesado karma. A pesar de esa lentitud, el número total de encarnaciones asciende por término medio a varios centenares, pues el mundo existe desde hace millones de años y aún nos espera un tiempo muy largo antes de que nuestro planeta se vuelva a ver privado de cualquier forma de criatura humana.

Cuando ha llegado el momento de reencarnarse, la entidad puede pedir consejo a los espíritus más elevados sobre la forma de programar su nueva existencia terrenal. Una vez elaborado el programa de vida ya no hay posibilidad de volver atrás y la existencia se desarrolla como un hilo preconstruido; incluso el tipo y el momento de la muerte están preestablecidos.

Una última enseñanza de los maestros: cuando se llega a la última encarnación, se advierte en el propio ánimo que se está cumpliendo la última etapa terrenal, es decir, existen claros signos del alcance de la meta, entre ellos la absoluta falta de interés por los placeres materiales.

Ejemplos de reconstrucciones del karma a través del espiritismo

En muchos casos, la actividad espiritista ha tenido una función decisiva en la reconstrucción de vidas pasadas que incluso han tenido lugar en una época lejana. Veamos un ejemplo de reencarnación individual y otro de reencarnación colectiva.

Las revelaciones del conde Galateri

El conde Galateri era un noble genovés que vivió a caballo entre el siglo XIX y comienzos del XX. Un amigo de Galateri, cuyo nombre nunca se hizo público por discreción, pidió insistentemente ayuda al conde porque había sufrido una grave crisis nerviosa a raíz de que su esposa y sus dos hijos le abandonasen. Ya al borde del suicidio, el hombre aceptó la propuesta de acudir a una sesión de espiritismo. Durante la sesión el médium, en trance, le reveló las características de dos anteriores vidas suyas, una vivida en el siglo XIV y otra, en el XVI.

En la primera vida la entidad del hombre había encarnado a un heroico caballero, dedicado en cuerpo y alma a desafíos y torneos, descuidando completamente la esfera afectiva. En la segunda existencia era un rico armenio que llevaba una vida muy disoluta, y que se mató después de abandonar a la mujer con la que vivía y quitarle los hijos que había tenido con ella.

El amigo de Galateri sintió que estas revelaciones sobre su karma eran verdad. Se explicó así su «absurdo» destino actual, comprendió que, por la conocida ley del contrapaso, las malas acciones que había cometido en las vidas pasadas recaían ahora sobre él de la misma forma y en la misma medida. Sólo podía resignarse ante la situación, era la única forma de disolver el pesado karma y no volver a caer en los errores de antaño. Después de la famosa sesión no sólo abandonó cualquier tentación de suicidio, sino que reconquistó definitivamente una relativa serenidad, pese al dolor por la lejanía de sus hijos.

Un caso claro de reencarnación colectiva

La señorita Mills fue una mujer inglesa que vivió en los años sesenta del siglo XX una serie de experiencias espiritistas extraordinarias. De noche oía voces que le invitaban a convencer a su médico, el doctor Arthur Guirdham, para que divulgase el conocimiento del catarismo, ideología medieval que creía en la reencarnación (los cátaros fueron condenados por la Iglesia y perseguidos con ferocidad). Algún tiempo después, en un cuaderno que tenía en la mesita de noche, aparecieron escritos varios mensajes, trazados por ella misma durante la noche en un estado alterado de conciencia. Los mensajes hablaban del cruel destino de los albigenses, habitantes de la ciudad francesa de Albi, que creían en el catarismo y que fueron exterminados casi por completo el 16 de marzo de 1244. Lo que más asombró a la médium y a su médico fue que los mensajes, que siguieron repitiéndose durante varios días en diferentes idiomas, facilitaban unos datos que ningún libro de historia había reproducido nunca, como, por ejemplo, el nombre de numerosos cátaros.

El doctor Guirdham hizo unas investigaciones en Francia y averiguó, entre otras cosas, que a los herejes se les había atado las manos a la altura de las muñecas detrás de la espalda. Al cabo de algún tiempo, la señorita Mills despertó un día con un fuerte dolor en los hombros y las muñecas.

Una mañana, la médium encontró un mensaje extraordinario en la mesita: un acta de la Inquisición en francés antiguo, nunca publicada y de difícil interpretación. A continuación, se produjo el fenómeno más llamativo: una noche a los pies de la cama de la señorita Mills apareció una anciana con un vestido azul oscuro. Esta aparición vino precedida y seguida por el ladrido repentino del fiel perro de la médium (es bien sabido que la mayoría de las apariciones se acompañan de gritos de animales). La señora de azul se presentó como Braida de Montserver, sacerdotisa cátara experta en herboristería y pranoterapia. La materialización de Braida se expresaba en el antiguo idioma de los cátaros franceses y, como si fuese un milagro, la señorita Mills lograba entenderla a la perfección.

Era evidente que la entidad de la actual médium también había encarnado en el lejano siglo XIII a una persona del grupo de albigenses que murió atrozmente a manos de la Inquisición. Las apariciones de Braida llevaron al conocimiento de su nombre de cátara: Esclarmonde de Perella, hija de Raymond, señor del pueblo de Montsegur (localidad cercana a Albi, donde tuvo lugar la matanza final). La reencarnada de Esclarmonde recibió otras visitas de personajes que habían formado parte de los martirizados el 16 de marzo de 1244: Guilhabert de Castres y Bertrand Marty. Este último afirmó haberse reencarnado recientemente como padre de la señorita Mills.

Poco a poco, aparición tras aparición, emergió el cuadro de una auténtica reencarnación colectiva. Los principales mártires albigenses se habían reencarnado en un grupo de parientes y amigos ingleses del siglo XX. Incluso Betty, compañera de colegio de la señorita Mills, había sido una cátara, hasta el punto de que ya de niña había escrito un cuaderno lleno de datos y dibujos sobre los albigenses que nunca habría podido aprender o copiar de ningún libro. Dado que Betty había muerto joven, la entidad de Braida se apareció una vez más a Perella-Mills para explicarle que en el más allá Betty contaba con la ayuda de un espíritu más evolucionado, llamado en antiguo francés Parfait. De los reencarnados cátaros habrían formado parte también la madre de Betty y otras parejas de conocidos suyos.

Este ejemplo, además de ser una confirmación más de la existencia de auténticos «grupos kármicos», demostraría que, pese al riesgo de la relación estéril y perjudicial con las llamadas «cáscaras» de la entidad, el espiritismo es capaz de ayudar a algunas personas a recuperar su identidad espiritual.

La comunicación con el espíritu guía en busca del karma

Una figura particularmente importante dentro de las experiencias espiritistas y parapsicológicas es, sin duda, la del «espíritu guía». Se trata de una entidad con la que cada uno de nosotros puede ponerse en contacto a través de un médium (aunque con un grupo bien avenido no es imprescindible contar con un médium preestablecido), que actúa como portavoz de la dimensión ultraterrenal en virtud de ciertas características y nos puede poner en contacto con otras entidades, además de ofrecernos unas enseñanzas muy valiosas.

En general se trata de un espíritu evolucionado, con el que ya hemos tratado en las encarnaciones anteriores o durante las pausas entre una encarnación y otra. Sin embargo, en ocasiones podemos tropezar durante las sesiones con un espíritu muy «bajo» o con una «cáscara» que finge ser espíritu guía.

Las primeras veces que deja sentir su presencia el espíritu guía se muestra bastante parco en afirmaciones, pero al cabo de varias sesiones comienza a expresarse de forma autónoma sin que necesariamente se le deba interpelar. Si quien acude a un médium se dirige a su espíritu guía con prudencia y sigue algunas reglas de comportamiento (que sobrepasan los límites de este libro por su complejidad), el espíritu será capaz, entre otras cosas, de hablar del karma del individuo.

En general, el médium está dotado de una tablilla de madera, cartón, plástico u otro material, en la que están escritas todas las letras del alfabeto. El espíritu hace viajar velozmente un vaso o un platillo de una letra a otra, para responder a las preguntas formuladas por quien desea saber algo de sus vidas pasadas. El médium se limita a leer las respuestas. Huelga decir que el espíritu guía, en su elevación mental y espiritual, conoce la lengua hablada por el solicitante.

¿Qué puede decir el espíritu que sea absolutamente cierto sobre nuestro karma? Las sagradas leyes de la espiritualidad le impiden explicar con todo lujo de detalles lo que le ha ocurrido a la entidad del solicitante en las pasadas encarnaciones. Ya hemos subrayado en otros capítulos del libro el perjuicio que puede sufrir nuestro propio karma por saber demasiado, dado que debemos concentrarnos en lo que tenemos que hacer en esta existencia. No obstante, el espíritu puede iluminarnos el camino. Así, nos ofrecerá unas indicaciones muy valiosas, destinadas a ayudarnos a entender la verdadera motivación de nuestro comportamiento, restando así dramatismo a ciertas situaciones y dándonos al mismo tiempo el estímulo necesario para intentar la superación definitiva del karma señalado por ellas.

Es inútil plantearle unas preguntas muy concretas del tipo «¿Quién era exactamente en mi primera vida?» o bien «¿Qué sentimiento tenían mis parientes en el siglo XIX?». Por el contrario, hay que formularle cuestiones inherentes a ciertos comportamientos afectivos o acontecimientos sociales que caracterizan la actual vida: ¿cuáles son las verdaderas raíces de ellos? Poco a poco surgirán elementos interesantes, capaces de indicar las causas de ciertos dolores o de determinadas anomalías.

Como es natural, al espíritu también se le pueden pedir consejos sobre cómo comportarse en el futuro ante las situaciones que se refieren a sectores inherentes al grueso del karma o que pueden conllevar la acumulación de nueva energía negativa. El espíritu nunca podrá realizar predicciones al respecto, porque sería contraproducente para la entidad encarnada, pero su consejo, expresado de forma compleja y difícil, resultará muy valioso para nuestra existencia.

Con una tablilla especial, denominada *ouija* —en forma de corazón, con rodamientos de bola en la parte inferior—, es posible hacer consultas de grupo, sin un médium propiamente dicho, reunido el grupo en torno a una mesa. Sin embargo, en tal caso pueden presentarse varios espíritus y los resultados suelen estar más alejados de la verdad que en la sesión individual, precisamente porque cada uno de nosotros debe estar solo ante su karma, evitando ambientes de «broma juglaresca».

¿Las psicofonías tienen que ver con la reencarnación?

En las últimas décadas, dentro del vasto mundo del espiritismo, se ha puesto de moda una disciplina fascinante, que se propone interceptar, recoger y analizar las voces y los sonidos procedentes de la «otra dimensión». Fue el sueco Jurgensson el primero en darse cuenta de la existencia de estos fenómenos, al reconocer en la segunda mitad de los años cincuenta la voz de su madre difunta en la cinta de una grabadora empleada para «captar» los sonidos de los pájaros que volaban en torno a su casita en mitad del bosque. Desde entonces, se han repetido experimentos en todo el mundo destinados a recoger mensajes procedentes del mundo de los espíritus, para consolar, sobre todo, los corazones de las personas privadas repentinamente de la compañía de una persona querida.

Los mensajes pueden llegar a través de diversos medios electrónicos de comunicación, como la grabadora, la radio, la televisión u otros instrumentos particulares construidos para tal fin.

Según la psicofonía más acreditada, es posible interceptar dos tipos de voces, las «kappa» y las «gamma». El operador u oyente capta las voces kappa sin haber hecho nada para reclamarlas; en cambio, el caso de las gamma, las solicita, estimula o reclama de alguna forma. De todos modos, las voces kappa resultan más claras que las voces gamma.

¿Con las psicofonías podemos ponernos en contacto de verdad con unas entidades desencarnadas? Cuando oímos la voz de una criatura difunta desde hace años, ¿de quién se trata en realidad? Diversos estudiosos serios y muy escrupulosos afirman que las manifestaciones psicofónicas provendrían de planos espirituales aún muy próximos a la experiencia terrenal. En efecto, es difícil pensar que una entidad ya evolucionada pueda emplear los mismos instrumentos que cuando estaba encarnada. No obstante, falta explicar los casos en que ciertas voces han anunciado ser la expresión de espíritus guía. ¿Acontecimientos excepcionales o perfectas burlas del más allá?

LAS VIDAS FUTURAS Y LAS «ULTRAVIDAS»

Regreso al futuro

Hemos visto que a través de diversos métodos directos e indirectos, espontáneos e inducidos, materiales y espirituales, racionales y esotéricos, es posible reconstruir los aspectos más importantes de nuestras vidas pasadas, en definitiva, averiguar qué tipo de karma arrastramos y cómo ha podido acumularse. ¿Es lícito y posible saber también algo de nuestras vidas futuras? ¿Existen técnicas adivinatorias capaces de prever qué tipo de comportamiento tenderemos a manifestar en las encarnaciones que faltan para concluir el ciclo de nuestro samsara?

Como han observado los mayores expertos en esoterismo, muchos filósofos orientales y algunos insignes filósofos occidentales, el tiempo es sólo una ilusión, pues en realidad no existe. En nuestra mente limitada de entidades encarnadas (y por consiguiente, prisioneras de la materia), nos parece que tenemos que identificar por fuerza un presente, un pasado y un futuro; sin embargo, en el terreno de la pura espiritualidad existe únicamente un eterno presente. Es cierto que la materia presenta un antes, un ahora y un después. En términos materiales lo que ha ocurrido una vez no ocurrirá nunca más. Ese tipo de racionalismo que sólo da crédito a la apariencia material está convencido de que es absolutamente imposible revivir por completo, ni siquiera en el recuerdo, la realidad pasada o anticiparse de alguna forma a la futura.

Pero las cosas son muy distintas: las barreras del tiempo representan sólo una construcción de nuestra mente para evitar conocer información que podría impedirnos la máxima concentración en las decisiones que debemos tomar en la dimensión temporal que definimos como presente. Sin embargo, hay momentos, sobre todo nocturnos, o situaciones en que la «censura» de la mente se afloja y deja fluir imágenes, visiones y convicciones que pertenecen a otra dimensión temporal, precisamente la del eterno presente, que se opone al presente momentáneo. Es como si se recuperase una forma de espiritualidad capaz de hacer vivir pasado y futuro en el mismo momento.

Las criaturas humanas que han logrado pasar de verdad al otro lado y han tenido unas percepciones muy claras han realizado previsiones que comúnmente reciben el nombre de profecías. En la práctica se han trasladado cien, doscientos o trescientos años después, superando el flujo material y dando un vistazo a lo que sucederá en el mundo como si estuviese sucediendo en ese momento.

El caso más llamativo de esta virtud extraordinaria es, sin duda, el de Michel de Notredame, Nostradamus, astrólogo y médico provenzal que escribió a mediados del siglo XVI las famosas *Centurias*, predicciones sobre el futuro de la humanidad. Nostradamus logró trasladarse a la época que estamos viviendo y hablar de Hitler, Mussolini, De Gaulle, Kennedy, Gaddafi y Juan Pablo II como si fuesen contemporáneos suyos a los que hubiese conocido directamente. La estudiosa A. Lamberti Bocconi (autora de *Nostradamus, le profezie da oggi al 2200*) demuestra que el gran vidente logró superar el umbral del siglo XXI, dando un vistazo como mínimo a los dos primeros siglos del tercer milenio, con la misma facilidad y espontaneidad con que previó los hechos ocurridos inmediatamente después de su muerte.

Profecías similares han sido efectuadas por otros hombres y mujeres «fuera de lo normal», como Malaquías, la Araña Negra, la Monja de Dresde, etc. Sin embargo, cada uno de nosotros, dentro de sus posibilidades, está en condiciones de percibir o presagiar algo de su futuro, en ocasiones incluso del futuro lejano. La «visión» puede tener lugar en el transcurso de un sueño o bien a través de una señal diurna a la que en su momento no prestamos demasiada atención, situándola bajo las categorías «racionales» de las «coincidencias» o «supersticiones».

Los sueños premonitorios de vidas futuras

Desde el punto de vista de la reencarnación, los sueños representan un depósito de visiones útiles no sólo para la identificación de las vidas pasadas, sino también para la intuición de las futuras. Puede decirse que nuestra entidad ha programado ya el grueso de todo el camino de las reencarnaciones, aunque en cada caso esté obligada a revisar algunos detalles. Cuando soñamos, podemos intuir algo que pertenece a la dimensión del tiempo simultáneo, es decir, a ese panorama del eterno presente que nuestro ego individual ha podido disfrutar al principio del samsara y en otros particulares pero breves momentos entre una encarnación y otra.

Cabe reiterar que la actividad onírica procede a través de unas imágenes de predominio simbólico, es decir, que no corresponden a las modalidades con las que se producen los acontecimientos, aunque en casos excepcionales se puede tener una visión realista tanto para el pasado como para el futuro. Los sueños premonitorios hablan de acontecimientos y situaciones destinados a tener lugar en el transcurso de nuestra vida, en un plazo de tiempo futuro que va del día siguiente al momento de la muerte. Desde la Antigüedad la interpretación del sueño ha proporcionado traducciones de símbolos animales, humanos y naturales en acontecimientos reales que marcarían la vida del soñador.

Existen también sueños que nos hacen entrar tan profundamente en el cuerpo astral que tenemos visiones que se refieren al escenario en el que se desarrollarán nuestras vidas futuras. Como es lógico, estos sueños de anticipación son poco frecuentes, aunque sólo sea por el riesgo de que nuestra conciencia quede profundamente turbada por la intuición de un tipo de realidad demasiado distinta de la actual. Cuando se produce este fenómeno onírico logramos reproducir una especie de película de ciencia ficción, que nos hace ver ambientes y objetos futuros. De todas formas, colores y presencias son más confusos que en los sueños sobre las vidas pasadas, y los escenarios relativamente realistas se alternan con representaciones simbólicas que ponen en relación ese futuro remoto con el presente, más tranquilizador.

La hipnosis progresiva

El método más eficaz para conocer algo de las propias vidas futuras consiste en las sesiones de hipnosis. En Estados Unidos, algunos hipnotizadores que se interesan por la reencarnación han creado una técnica que permite no sólo retroceder a un remoto pasado, sino también avanzar hacia el futuro más lejano. De todos modos, las «progresiones» a las vidas futuras son más difíciles de controlar que las regresiones y se realizan con menor frecuencia y de forma desordenada y fragmentaria. El hipnotizado tiende a saltar repentinamente de una escena a otra y, aunque el hipnotizador puede lograr que proceda con mayor regularidad, los resultados no son tan claros y evidentes como los relativos a las vidas pasadas, entre otros motivos porque no pueden verificarse a través de archivos, libros o documentos.

Los resultados más convincentes de hipnosis progresiva han sido obtenidos y relatados por dos estudiosos muy conocidos: Bruce Goldberg, de Baltimore, y la californiana Helen Wambach. El primero sostiene que la validez de la progresión se hace evidente al final de la técnica de regresión, cuando el hipnotizador le pide al paciente que regrese al tiempo presente después de viajar por el pasado lejano. En efecto, en este caso el hipnotizado se ve obligado a lanzarse con la mente hacia el futuro, pues de lo contrario quedaría atrapado en su experiencia de hace doscientos o dos mil años. Además, se debe hacer progresar al paciente de la actualidad a momentos sucesivos de esta encarnación, descubriendo, por ejemplo, si dentro de unos años habrá cambiado de trabajo o no. El fenómeno puede suceder incluso para acontecimientos que no se refieren estrictamente a la persona del paciente, como con la visión de un titular de un periódico de cinco o diez años después que hable de acontecimientos ocurridos en otros países del mundo (lo cual demostraría que las anticipaciones no son sólo el fruto de determinados deseos inconscientes de realización o gratificación profesional o afectiva).

El futuro de Drouot

También Helen Wambach inicia las hipnosis progresivas hacia las vidas futuras, haciendo avanzar al paciente del día de la sesión a años futuros de su vida actual. Entre los ejemplos más famosos de las videncias inducidas por la investigadora norteamericana, se incluye el correspondiente a la hipnosis practicada a otro conocido experto en reencarnación, el francés Patrick Drouot, profundo conocedor de la tradición tibetana. Drouot viajó en 1984 a California y tuvo una larga conversación con la doctora. Esta última le convenció para que se dejase hipnotizar a fin de someterse a una progresión hacia el resto de su ciclo de reencarnaciones. El francés pidió que no le hiciera preguntas sobre cuestiones demasiado personales, sino sobre escenarios y acontecimientos de carácter geográfico, natural, colectivo o interplanetario.

El primer paso hacia el futuro se dio en enero de 1986, dos años después de la sesión en curso. Patrick, a petición de la hipnotizadora, dijo que veía unas inundaciones en Perú y la erupción de un volcán en California. Después de hacer otro traslado temporal, la doctora preguntó sobre los acontecimientos que sucedían en el mundo en enero de 1988. La respuesta hablaba de lluvias torrenciales en Europa occidental y gran sequía en Estados Unidos; agitaciones sociales en Francia a causa del gran aumento del índice de desempleo. Otro «vuelo», esta vez hasta el mes de enero de 1990: cambio del clima mundial con elevación general de la temperatura, gran tumulto en el Este de Europa con definitiva caída de algunos regímenes comunistas, preparación de una guerra en Irak. Tras unos instantes de pausa, Wambach pidió a la mente del francés que hiciese un esfuerzo adicional, es decir, que llegase hasta el año 2050, hasta los tiempos de su próxima encarnación. Drouot se vio primero como un niño de tres años y luego, al desplazarse unos años más, como un adolescente. ¡El escenario mundial había cambiado de forma radical!

Visiones del tercer milenio

De los experimentos hipnóticos de Wambach y Goldberg surgió un retrato grandioso y al mismo tiempo inquietante de la humanidad en el próximo milenio, puesto que muchos pacientes llegaron hasta cinco o seis encarnaciones sucesivas. En el siglo XXI la Tierra experimentará considerables cambios geográficos y asistirá a mayores progresos científicos, además de eliminar una buena parte de los prejuicios raciales. Durante el siglo XXII, la principal fuente de energía empleada para las más diversas actividades será la solar y, gracias a los grandes avances de la medicina, se podrá vivir por término medio casi hasta los cien años de edad. Se creará una colonia orbital alrededor de la Tierra y quienes se queden viviendo en nuestro planeta protegerán las ciudades con grandes cúpulas. Enormes progresos técnicos nos esperan en el siglo XXIII, cuando habrá un nuevo aumento demográfico y una repoblación forestal del suelo general, pero sobre todo se alcanzará un nivel extraordinario de instrucción y se viajará en vehículos extremadamente silenciosos. La mayoría de las personas hipnotizadas ven el siglo XXIV como un periodo un poco catastrófico, con una guerra con armas muy avanzadas destinada a trastornar la vida en nuestro planeta y a reducir una vez más su población. Al parecer, todo se producirá a causa de una incorrecta política internacional. En el transcurso del siglo XXV, tendrá lugar un control definitivo del clima, los trabajos manuales serán realizados sólo por los robots y se producirán nuevos conflictos armados. El XXVI será el siglo de las ciudades submarinas, del uso del láser en medicina y de la construcción definitiva de un gobierno democrático mundial. La duración media de la vida habrá alcanzado ya los ciento veinticinco años y se habrá eliminado la práctica totalidad de las enfermedades. Por lo que se refiere a la relación con los demás planetas del sistema solar, a mediados del tercer milenio resultará posible y normal establecer un viaje semanal de ida y vuelta entre la Tierra y Marte. Los contactos con los habitantes de otros sistemas planetarios estarán ya a la orden del día, con visitas frecuentes y deseadas por parte de alienígenas a nuestro planeta.

El caso «Scott-Xarva»

Como ejemplo de los avances del doctor Goldberg vale la pena reproducir el relato de las vidas futuras de Ken Manelis, un presentador radiofónico que en 1982 recurrió a la hipnosis para saber algo de las personas que su entidad encarnará en el tercer milenio. Ken se vio a finales del siglo XXI como un vendedor de «casas solares» llamado Scott. Según la visión, de niño vivirá en una ciudad subterránea de Arizona y luego volverá a la superficie rebelándose a la autoridad de sus padres, que se habrán quedado «bajo tierra». Después de viajar por el mundo morirá con sólo cincuenta y cinco años durante una escalada alpinista. En progresión Ken se desplazó, a continuación, hasta los primeros años del siglo XXIV. En esta ocasión el encarnado es Xarva, jefe de un servicio turístico entre un asteroide y la Tierra, y en edad más avanzada colaborador de la Liga del Uno (gobierno mundial), como experto en contactos con extraterrestres. A pesar de sufrir varios accidentes con los medios de transporte, morirá nada menos que a los ciento cuarenta años, después de inventar un nuevo ingenio telemático para la comunicación interplanetaria.

Evidentemente, el karma que la entidad de Ken Manelis arrastra desde tiempos inmemoriales se refiere a la explotación de las formas de energía, la exploración de la dimensión espacial y la comunicación con el prójimo. Si en esta vida usa el medio radiofónico para comunicar mensajes importantes, en la próxima se verá obligado a vagar con el cuerpo más que con la voz.

Por último, dentro de cuatrocientos años volverá a dedicarse a contactar con el resto del mundo y del universo con el riesgo de morir en cualquier momento. Su misión consiste en lograr que se encuentren las criaturas diseminadas por el cosmos del mejor modo posible, favoreciendo los desplazamientos de los demás.

Después de la hipnosis progresiva, Ken comprendió a la perfección su función espiritual y actuó en su vida cotidiana con mayor serenidad y un gran sentimiento de solidaridad respecto a los oyentes de su emisora de radio.

La «Terapia P»

El caso «Scott-Xarva», como tantos otros referidos por Goldberg, Wambach y Drouot, demuestra que la hipnosis progresiva no sirve sólo para conocer las vidas futuras (¡aunque no con detalles muy precisos, porque sería contraproducente!), sino también para mejorar la disposición interior del hipnotizado, induciéndole a una reflexión y a una relajación general que sólo pueden favorecer la continuación óptima de su vida actual. En lugar de crearle un estado de ansiedad o de pánico por la visión de las encarnaciones futuras, el viaje al tercer milenio le llena de un nuevo impulso espiritual y le hace volver al final del segundo milenio lleno de buenos propósitos y de pensamientos «positivos». Se configura así una Terapia P, complementaria de la Terapia R.

La psicoterapia puede valerse de la hipnosis progresiva para mejorar las condiciones de individuos que sufren diversos trastornos psíquicos. Entre los resultados de la Terapia P, que en cualquier caso debe ser aplicada después de una sana Terapia R y nunca debe sustituirla por completo, hay una mayor relajación, el aumento de la concentración y de la memoria, el control del dolor, la mejora de la vida erótica y de la calidad de las relaciones personales, el freno del proceso de envejecimiento y la eliminación del miedo a la muerte.

De todas formas, queda el problema de la seriedad efectiva del terapeuta P. La ciencia ficción puede ser más verídica que la ciencia y favorecer al mismo tiempo el crecimiento espiritual, a condición de no bromear demasiado con ella. Charlatanes y timadores pueden obstaculizar en ciertos casos la disolución del karma del paciente, en lugar de favorecerla con una toma de conciencia de sus papeles futuros.

Una última advertencia: ¡no es lícito saberlo todo del futuro, sino sólo lo que se necesita para el presente!

Las vidas futuras con la astrología del karma

Ya hemos visto que las ciencias esotéricas y adivinatorias son capaces de ofrecer una interesante aportación a la investigación de las vidas pasadas, en el intento de disolver el karma. Astrología y esoterismo pueden ayudar también a entender algo de las vidas futuras, gracias a técnicas de estudio particulares. La astrología del karma nos permite conocer el futuro de nuestro samsara a través del análisis de dos factores fundamentales: posición del nudo lunar norte dentro del llamado tema natal y características del cielo en el momento de la muerte.

EFEMÉRIDES RELATIVAS AL NUDO LUNAR NORTE

del	4	de diciembre	1914	al	31	de mayo	1916	en	Acuario
del	1	de junio	1916	al	13	de febrero	1918	en	Capricornio
del	14	de febrero	1918	al	15	de agosto	1919	en	Sagitario
del	16	de agosto	1919	al	7	de febrero	1921	en	Escorpio
del	8	de febrero	1921	al	23	de agosto	1922	en	Libra
del	24	de agosto	1922	al	23	de abril	1924	en	Virgo
del	24	de abril	1924	al	26	de octubre	1925	en	Leo
del	27	de octubre	1925	al	16	de abril	1927	en	Cáncer
del	17	de abril	1927	al	28	de diciembre	1928	en	Géminis
del	29	de diciembre	1928	al	7	de julio	1930	en	Tauro
del	8	de julio	1930	al	28	de diciembre	1931	en	Aries
del	29	de diciembre	1931	al	24	de junio	1933	en	Piscis
del	25	de junio	1933	al	8	de marzo	1935	en	Acuario
del	9	de marzo	1935	al	14	de septiembre	1936	en	Capricornio
del	15	de septiembre	1936	al	3	de marzo	1938	en	Sagitario
del	4	de marzo	1938	al	12	de septiembre	1939	en	Escorpio
del	13	de septiembre	1939	al	24	de mayo	1941	en	Libra
del	25	de mayo	1941	al	21	de noviembre	1942	en	Virgo
del	22	de noviembre	1942	al	11	de mayo	1944	en	Leo
del	12	de mayo	1944	al	4	de enero	1946	en	Cáncer
del	5	de enero	1946	al	2	de agosto	1947	en	Géminis
del	3	de agosto	1947	al	26	de enero	1949	en	Tauro
del	27	de enero	1949	al	26	de julio	1950	en	Aries
del	27	de julio	1950	al	28	de marzo	1952	en	Piscis
del	29	de marzo	1952	al	9	de octubre	1953	en	Acuario
del	10	de octubre	1953	al	2	de abril	1955	en	Capricornio
del	3	de abril	1955	al	4	de octubre	1956	en	Sagitario
del	5	de octubre	1956	al	16	de junio	1958	en	Escorpio
del	17	de junio	1958	al	15	de diciembre	1959	en	Libra
del	16	de diciembre	1959	al	10	de junio	1961	en	Virgo
del	11	de junio	1961	al	23	de diciembre	1962	en	Leo
del	24	de diciembre	1962	al	25	de agosto	1964	en	Cáncer
del	26	de agosto	1964	al	19	de febrero	1966	en	Géminis
del	20	de febrero	1966	al	19	de agosto	1967	en	Tauro
del	20	de agosto	1967	al	19	de abril	1969	en	Aries
del	20	de abril	1969	al	2	de noviembre	1970	en	Piscis
del	3	de noviembre	1970	al	27	de abril	1972	en	Acuario
del	28	de abril	1972	al	27	de octubre	1973	en	Capricornio
del	28	de octubre	1973	al	10	de julio	1975	en	Sagitario
del	11	de julio	1975	al	7	de enero	1977	en	Escorpio
del	8	de enero	1977	al	5	de julio	1978	en	Libra
del	6	de julio	1978	al	12	de enero	1980	en	Virgo
del	13	de enero	1980	al	24	de septiembre	1981	en	Leo
del	25	de septiembre	1981	al	16	de marzo	1983	en	Cáncer
del	17	de marzo	1983	al	11	de septiembre	1984	en	Géminis
del	12	de septiembre	1984	al	6	de abril	1986	en	Tauro
del	7	de abril	1986	al	2	de diciembre	1987	en	Aries
del	3	de diciembre	1987	al	22	de mayo	1989	en	Piscis
del	23	de mayo	1989	al	18	de noviembre	1990	en	Acuario

En cuanto a la primera técnica, hay que explicar que los nudos de la Luna corresponden a los cruces entre la órbita de la Tierra y la de la Luna. Desde el punto de vista simbólico representan la herencia del pasado (nudo sur) y el impulso, aunque arriesgado, hacia el futuro. En el horóscopo kármico, el nudo sur habla del karma que se arrastra y el nudo norte, del destino kármico de esta vida y de las futuras. Si se sabe leer, el nudo norte habla con mayor claridad y detalle de las experiencias que la entidad llevará a cabo después de la existencia actual y hasta el agotamiento de su ciclo de encarnaciones.

Como es lógico, aquí no podemos afrontar cuestiones bastante complicadas relativas al método de análisis del nudo norte dentro del tema natal. Indicaremos solamente la interpretación del nudo norte según su ubicación en un signo zodiacal y no en otro. Quien tenga un interés mayor y la disponibilidad para estudiar podrá leer un buen libro de astrología del karma, después de aprender los rudimentos de la materia. Para permitir conocer el signo en que se halla el nudo lunar norte de cada lector hemos preparado una tabla que da la posición del mismo desde mediados de la segunda década del siglo XX hasta el año 1990 (véase pág. 167). No debemos asombrarnos si el nudo avanza en sentido contrario a la vuelta zodiacal normal, yendo de Aries a Piscis y de Piscis a Acuario, y así sucesivamente, porque su movimiento es precisamente «retrógrado», al contrario que la mayoría de los demás elementos astrales.

Si el nudo norte se encuentra en Aries, después de una serie de vidas marcadas por la comodidad y las ventajas matrimoniales y asociativas, las vidas futuras se caracterizarán por presentar mayores riesgos, un individualismo más marcado, una definitiva actitud positiva para asumir responsabilidades y un compromiso de trasfondo militar o de organización.

Con el nudo norte en el signo de Tauro, las vidas futuras tratarán de borrar un karma conformado sobre todo por abusos de carácter sexual o en el campo de la magia y del ocultismo. Se tratará de pensar en las cosas sencillas y genuinas, vivir en un ambiente más sano, como, por ejemplo, en el campo, e interesarse por tener hijos y el mantenimiento de la familia a través de un duro y honrado trabajo.

El nudo norte en Géminis indica que en las vidas pasadas se ha viajado demasiado, o bien se han efectuado unos estudios demasiado profundos en el ámbito filosófico y religioso; por eso las vidas futuras estarán ambientadas en un contexto más restringido, sin viajar tanto, pero con el compromiso de comunicarse lo más posible con parientes y vecinos, haciendo un uso notable de la palabra.

Con el nudo norte en el signo de Cáncer, las vidas que faltan se caracterizarán por compromisos relativos sobre todo a la vida doméstica y a la relación con los padres. En efecto, en el pasado se trabajó demasiado, tendiendo entre otras cosas a explotar al prójimo, o bien la ambición llevó a administrar el poder público de forma no siempre ejemplar.

Si el nudo norte se encuentra en Leo, la reencarnación tiene lugar para asumir unos papeles de mando, tanto dentro de la familia como en la sociedad, favorecidos también por cierta exuberancia física y erótica. No faltarán gravosos compromisos con respecto a los hijos o los subalternos, después de vidas vividas con cierta falta de compromiso y contando con amistades protectoras.

Con el nudo norte en el signo de Virgo, la perspectiva es la de un considerable esfuerzo en el ambiente laboral que se traducirá en espíritu de servicio después de una primera parte de samsara vivida usando demasiado la fantasía y la vena artística. Podrían darse también grandes gratificaciones económicas, pero el principal riesgo lo representará la salud, que será precaria.

Quien tiene el nudo norte en Libra perfeccionará sus gustos estéticos si se interesa por el arte o bien se verá implicado en juicios, como juez o acusado. Dado que en las vidas pasadas se comportó de forma un poco violenta, participando en guerras con excesivo ardor y en duelos con notable sadismo, deberá aprender a vivir tranquilamente, casado y participando en diversas asociaciones.

El nudo norte en el signo de Escorpio distingue a los encarnados en el futuro por la adquisición de dinero con menor esfuerzo y mayor fortuna que en el pasado, pero pueden ser víctimas de enemigos ocultos o de hechizos mágicos y diabólicos. Entre las actividades preferidas estarán las relacionadas con la medicina y la psicología.

El nudo norte en Sagitario indica que, después de haber vivido existencias muy centradas en la vida del «vecindario», con grandes ayudas de parientes poderosos y preferencias por el periodismo y el comercio, el encarnado deberá desarrollar actividades de mayor responsabilidad y profundidad que le llevarán a menudo a viajar mucho, entrando en contacto con razas y lenguas muy diversas; o a una vida religiosa que le mantendrá ocupado en la divulgación de las verdaderas leyes espirituales.

Si en el tema natal el nudo norte se halla en Capricornio, la organización del trabajo, los compromisos institucionales y los cargos públicos constituirán el grueso de las futuras encarnaciones, a fin de disolver un karma vinculado a la pereza de la vida doméstica. Las vidas podrán ser muy largas, pero el sentido del deber las dominará hasta los últimos días.

Con el nudo norte en Acuario, las amistades centrarán la atención y podrán llevarse a cabo interesantes descubrimientos técnico-científicos. Durante demasiadas existencias la entidad se ha sentido atraída por el amor y la educación de los hijos, ahora tendrán más peso la vida social y política, no sin un fuerte espíritu revolucionario.

Por último, si el nudo cae en el signo de Piscis, los intereses predominantes afectarán a la música o al arte, después de haber vivido una larga experiencia como administrativo o funcionario en el pasado lejano. También se desarrollará mucho el sentimiento de la caridad.

A continuación, trataremos el horóscopo en el momento de la muerte. El problema es que no lo conocemos hasta que llega y después es demasiado tarde... para cualquier cosa. Sin embargo, podemos realizar el horóscopo de las personas queridas que ya han fallecido.

¿Cuáles son los elementos del tema de la muerte que nos hablan del destino futuro del difunto? Hay que mirar ante todo el signo del mes en el que se produce el fallecimiento, para averiguar cuáles serán las decisiones que tome la entidad antes de renacer otra vez. Con los signos de fuego querrá llevar una vida muy valiente; con los de agua, una pasional; con los de tierra, una reservada, y con los de aire, una de buen nivel cultural o artístico.

Pero las características de la existencia futura, sobre todo en lo que respecta al ambiente geográfico en que nos reencarnaremos y la forma física que asumiremos, deben buscarse en la posición del ascendente en el momento de la muerte.

Con el ascendente en Aries, la próxima vida se caracterizará por actitudes y decisiones de trasfondo militar, favorecidas por un físico apto para la lucha. La encarnación tendrá lugar probablemente en uno de los siguientes países: Inglaterra, Alemania, Dinamarca, Polonia, Corea, Japón, Siria, Venezuela o Perú.

El ascendente en Tauro habla de una vida futura ocupada en el trabajo del campo o con diversas materias primas, o bien en la administración de dinero o bienes materiales. El físico será de sana constitución y con fuertes atributos sexuales. La parte del mundo habitada corresponderá a Irlanda, Bélgica, Grecia, Chipre, Holanda, Finlandia, Irán o Argentina.

El ascendente en Géminis habla de una vida marcada por la comunicación y los vínculos de parentesco. El físico será longilíneo y las posibles zonas geográficas, Gales, Estados Unidos, Australia, Nigeria, Egipto y Armenia.

El ascendente en Cáncer indica que hay una alta probabilidad de renacer con una predisposición para la vida doméstica y bajo el sexo femenino, con intereses por la psicología. El físico tiende a la redondez. Y las zonas del mundo son Escocia, Nueva Zelanda, Túnez, Argelia, Honduras, Paraguay e Indochina.

El ascendente en Leo permite renacer con la voluntad de guiar a una familia o a un grupo de personas con autoridad. Posiblemente se hará bajo el sexo masculino y con un físico de «felino» dispuesto a atacar. Los países más probables son Italia, Francia, República Checa, Cuba, Palestina, Sudán e Irak.

El ascendente en Virgo indica una vida futura dedicada por completo al servicio prestado a alguien o a un tipo de rutina inspirada en un gran autocontrol. Hay una gran posibilidad de que la profesión ejercida esté vinculada a la medicina o a la economía. El físico será delgado pero bien proporcionado. Y los lugares del planeta más probables son Oriente Medio, Turquía, Suiza, Grecia continental, India, Taiwan y Croacia.

El ascendente en Libra augura una próxima existencia inspirada por el sentido estético y de la justicia, así como un matrimonio importante. El físico será armonioso y atractivo. Y las zonas más probables, Austria, Canadá, China, Libia, Guatemala, Birmania y el Tíbet.

Si el ascendente está en Escorpio, la vida futura estará marcada por unos sentimientos profundos pero también por una intensa carga erótica, las actividades estarán vinculadas a la psicología, la parapsicología y el ocultismo, animadas por un poder oculto. El físico no será muy agraciado pero estará dotado de un encanto misterioso. Y el ambiente geográfico incluye Noruega, Cataluña, Marruecos, Laponia, Israel y Bulgaria.

Si el ascendente está en Sagitario, el renacimiento estará marcado por iniciativas inspiradas en el movimiento (viajes) y la profundización en ciertos temas, como la religión y los idiomas. Se dispondrá de un físico ágil y jovial. Y los países más probables son Arabia, Hungría, Malta, España, Ceilán y Madagascar.

El ascendente en Capricornio es indicio de una existencia continuamente estimulada por la ambición pero también por la seriedad, con posibilidad de ejercer trabajos relacionados con la gestión y política. El físico será apto para cualquier tipo de esfuerzo. Y las zonas del mundo son Albania, México, Macedonia, países bálticos, Bolivia, Serbia y Siberia.

Si el ascendente está en Acuario, la vida futura estará marcada por un espíritu un poco rebelde, inconformista y revolucionario, con intereses por las novedades tecnológicas. El físico estará conformado por rasgos suaves y movimientos bruscos. En cuanto a la localización geográfica, los países más probables son Suecia, Rusia, Rumania, Chile, Etiopía y Mongolia.

Por último, el ascendente en Piscis habla de un renacimiento caracterizado por un espíritu muy imaginativo, refinado gusto artístico (sobre todo en música) y disponibilidad hacia el prójimo. El físico resultará un poco tosco, de mirada soñadora. Y las zonas habitables son Antillas, Portugal, Colombia, Haití, Magreb sahariano y Uruguay.

Las «vidas más allá de las vidas»: los avatares

La conclusión del samsara, es decir, del ciclo de encarnaciones que una entidad realiza para purificarse y alcanzar un grado más alto de espiritualidad, puede no coincidir con el abandono definitivo de nuestro planeta. El estado de beatitud que viviremos después de disolver definitivamente nuestro karma podrá hacernos saborear poco a poco el placer del verdadero amor, el desinteresado y angelical que podremos experimentar sólo en el «cielo de los Justos». También tendremos la oportunidad de decidir regresar una vez más a la Tierra para ayudar a alguien que se halla en serias dificultades. En cualquier caso, quienes den este paso constituirán una pequeña minoría.

Pensar en unas vidas adicionales, después de un viaje milenario de por sí fatigoso y aparentemente penalizador, parece a primera vista un pecado de ciencia ficción o charlatanería. No obstante, debemos reflexionar y pensar que el estado de pura espiritualidad, llamado por el lamaísmo tibetano «nirvana», se caracteriza por una libertad de tipo absoluto, que no es posible imaginar ni siquiera durante las pausas entre una encarnación y otra.

Al mismo tiempo existe la posibilidad de una evolución adicional, que nos puede hacer cada vez más «iluminados», es decir, próximos a la espiritualidad divina. Así, algunas almas deciden libremente volver a descender a lo que para ellas constituye una especie de infierno, sin tener ya nada que pagar pero a fin de sacrificarse por el bien de la humanidad y enseñar a mucha gente la Doctrina de la Salvación. Se trata de un acto de amor infinito, que patrocinan las Máximas Fuerzas Espirituales, preocupadas por la suerte de la humanidad, es decir, de todas aquellas entidades que se hallan aún en el camino y siguen recayendo en un pesado karma.

El sagrado texto hindú *Bhagavadgita* nos facilita la descripción más famosa de estos *avatares* (enviados): «Mi cuerpo, espiritual y absoluto, no se deteriora nunca; soy el Señor de todos los seres. No obstante, a intervalos regulares desciendo a este universo en mi forma original. Cada vez que, en algún lugar del universo, la espiritualidad declina y la falta de religión avanza, Yo vengo en Persona. Desciendo de era en era para liberar a Mis devotos, aniquilar a los descreídos y restablecer los principios de la espiritualidad».

Los versos 6, 7 y 8 del cuarto capítulo del *Bhagavadgita* reproducen las revelaciones del Señor Krishna al devoto Arjuna. La divinidad puede manifestarse donde y cuando desee bajo la forma de sus enviados, auténticos Hijos del Padre; de todos modos, la frecuencia de la encarnación asume un ritmo bastante regular, acompasado sobre los ciclos históricos de desarrollo y decadencia de las principales civilizaciones.

La intervención es dramáticamente necesaria cuando, en un área planetaria determinada, las Fuerzas de la Materia, hostiles al progreso espiritual de la mayoría de las entidades, parecen vencer definitivamente. Cada avatar tiene una misión específica que cumplir, en función del periodo histórico y el contexto geográfico.

Según esta doctrina, desarrollada también en la Edad Moderna por los principales esotéricos, Zaratustra, Buda, Jesucristo, Mahoma, etc. habrían sido unos avatares llegados en el momento y al lugar adecuados, para volver a impulsar la humanidad por la vía de la salvación. Como es lógico, cada uno fue portador de una fe y una religión que pudiesen seguir y escuchar diversos pueblos (portadora cada una de una inconfundible mentalidad) y marcase cierto periodo histórico. Buda, por ejemplo, nació en un momento de la Antigüedad en que Oriente estaba invadido por el materialismo, el ateísmo y una excepcional violencia colectiva. El cristianismo se difundió cuando el imperio romano había favorecido unas costumbres disolutas destinadas a la acumulación de un karma excesivo. Más allá de las diferencias y de las necesidades específicas, todos los enviados han enseñado el respeto de los principios espirituales, y, como ha sido demostrado por grandes estudiosos, la mayoría de las religiones comparte un número de leyes.

Según los textos sagrados hindúes, la humanidad está viviendo en la actualidad la época del Kali-yuga, caracterizada por una inquietante degeneración moral. Así, es lícito esperar de un momento a otro la llegada a la Tierra de un nuevo avatar, capaz de ayudarnos a superar esta fase de extravío que puede costar a muchos un gravoso suplemento de grandes sufrimientos sobre la faz de la Tierra.

Según Papus y otros esotéricos de los siglos XIX y XX, también pueden encarnarse otros tipos de avatares, de características más humanas y manifestaciones menos llamativas respecto a profetas o fundadores de religiones, como por ejemplo, Juana de Arco en la historia francesa. Alguien que vuelve para sufrir y combatir el favor de un pueblo y se inmola por el bien de la colectividad a la que pertenece.

La función de ángeles y demonios en el ciclo de las encarnaciones

Aunque no volvamos directamente a la Tierra para salvar a los demás, tendremos la posibilidad de ayudarles de otras formas. ¿Qué son los ángeles, formas espirituales presentes en muchas religiones, sino unas entidades que, después de concluir su ciclo terrenal, evolucionan aún más a nivel espiritual y adquieren tanta «Luz» (poder dado directamente por Dios), que logran proporcionar un poco de alivio a quien se ve obligado a sobrellevar un pesado karma?

Emmanuel Swedenborg, místico sueco que vivió entre los siglos XVII y XVIII, y más recientemente Rudolf Steiner, fundador de la Escuela Antroposófica, han descrito en sus libros las jerarquías, formas y funciones de estos mensajeros celestes. Estos autores afirman que los ángeles fueron seres humanos que, después de concluir el ciclo del samsara, entendieron la permanencia definitiva en el más allá como una misión adicional que les hacía cada vez más similares a la Luz.

En realidad, pese a tener unos poderes superiores a los de las entidades encarnadas en la actualidad, aún no son omnipotentes. Dentro de la categoría angélica más baja hallamos unos espíritus que se ocupan de asistir a las almas de los difuntos en el viaje hacia el más allá, es decir, hacen menos traumático el regreso al cuerpo astral y mental después de cada encarnación.

La función más conocida de los ángeles es vigilar a cada ser humano durante su existencia. Se trata de los ángeles custodios, que podríamos considerar unos avatares especiales que, a pesar de no asumir de nuevo el cuerpo físico, se sacrifican y vuelven a la Tierra para estar cerca de la entidad escogida. Al respecto son significativas las palabras de San Pablo en la Epístola a los Judíos 1, 14: «¿No son todos ellos Espíritus Servidores, enviados para la salvación de quienes están destinados a heredar la salud?».

La labor del ángel custodio es impedir que el karma absorba al custodiado a través de la tentación presentada por uno o varios demonios. También los demonios se encarnaron en la Tierra como seres humanos, pero, después de las primeras experiencias, decidieron no proseguir el camino hacia la salvación, sino habitar las ínfimas esferas espirituales para tener acceso continuado a nuestro planeta e inducir a las demás entidades a quedar atrapadas en la materia, acumulando siempre nuevo karma.

En todas las creencias religiosas están presentes unas figuras que representan las fuerzas del Mal, precisamente porque todos los hombres se han dado cuenta de su existencia. Cada etapa de nuestro ciclo de renacimientos está marcada por grandes victorias sobre ellas, pero también por duras derrotas. Desde el pequeño pecado de gula hasta la auténtica posesión diabólica, los demonios logran infestar nuestro cuerpo, pese a la buena voluntad de resistir, favorecida por la presencia de los ángeles custodios. Somos así protagonistas de una lucha furibunda, que se produce a diario en nuestro ánimo.

La meta de nuestra evolución espiritual

¿Qué nos espera al final de esta larga y sufrida evolución? ¿Cómo se caracterizará el estado sucesivo a todas las posibles vidas, a las ultravidas y a la escalada de la jerarquía angelical? Es casi imposible lograr imaginarse algo que aún está tan lejos de la situación que estamos viviendo ahora.

Si nos interesamos por este problema, es porque nuestras entidades acaban de empezar a entender el significado de la presente encarnación y el ciclo al que pertenece. Aunque en distintas medidas, a todos los seres humanos que habitan el planeta en los albores del siglo XXI les falta recorrer aún un dificultoso camino. Para saber más, hay que recurrir por enésima vez a las tradiciones religiosas e iniciáticas.

La teología oriental, especialmente el credo budista, habla de retorno final a la Nada, porque considera que la esencia de la realidad consiste en el Vacío. Todo es ilusión, por lo que al final sólo quedará el Vacío. Según la ley de la «impermanencia», también el estado de iluminación posterior al samsara está destinado a cambiar continuamente, hasta que todas las entidades vuelvan a ser absorbidas por la Nada que las generó. De todas formas, no deben excluirse otras formas o ciclos de existencia, de los que no podemos tener conocimiento, antes de la definitiva Nada.

En cambio, para la teología occidental, especialmente la judeocristiana, prevalecerá el Todo Unitario sobre la Nada, y la reabsorción final de las entidades en una Única y Eterna entidad de Luz, previa selección definitiva llevada a cabo por el Juicio Universal, permitirá alcanzar esa Espiritualidad Absoluta por la que estamos combatiendo. En este caso la clásica frase «Vivir para ver» ya no resulta válida. Todos estamos destinados a vivir y a sobrevivir, todos estamos destinados, tarde o temprano, a ver la Luz del Uno o gozar la Paz de la Nada.

EJEMPLOS DE REENCARNADOS SEGÚN LA ASTROLOGÍA KÁRMICA

En este último capítulo presentamos varios ejemplos de personajes famosos del mundo de la política, el deporte y el espectáculo. Hemos ido en busca de sus vidas pasadas a través del método esotérico de la astrología del karma, no sólo por la larga experiencia que poseemos en este sector, sino sobre todo porque es difícil entrar en posesión del material relativo a experiencias reales (síntomas, sueños, posibles hipnosis o autohipnosis) vividas por ellos, más allá de los tópicos que circulan sobre ellos en ambientes periodísticos.

Si se lee con gran concentración y se usa un método riguroso, el tema natal de una persona (vulgarmente denominado horóscopo) puede contarnos secretos extraordinarios sobre las anteriores experiencias de vida y sobre el motivo de su actual destino. Todo esto es útil, entre otras cosas, para entender mejor la interioridad de personajes de los que a menudo captamos sólo una especie de máscara pública.

Juan Carlos de Borbón

El rey de España Juan Carlos de Borbón ha demostrado en más de veinte años de reinado, que han seguido al periodo de dictadura de Francisco Franco, una notable capacidad de mediación, convirtiéndose en garante de la democracia y de la pacificación definitivas. Una vez superada la crisis del invierno de 1981, cuando se produjo el intento de golpe de estado por parte de los militares, el soberano se ha distinguido siempre por su equilibrio y su modestia (por ejemplo, no vive en el Palacio Real sino en el de la Zarzuela).

Nos hallamos ante una entidad de antigüedad media. En efecto, pudo aparecer por primera vez sobre la faz de la Tierra en torno al año 2000 a. de C., como muestra la disposición astral caracterizada por los valores capricornianos y acuarianos, los numerosos planetas retrógrados entre el cuarto y el octavo campo, y la falta de retrogradación del planeta Saturno.

Así pues, el número de encarnaciones oscila en torno a las veinticinco, la mayoría vividas en Europa o alrededores.

Si examinamos el eje de los dos nudos lunares, norte y sur, observamos con claridad que el caso kármico de Juan Carlos I es diametralmente opuesto al de Jacques Chirac. El nudo sur se halla en la primera casa (Géminis) y el norte, en la séptima (Sagitario). Así, en muchas vidas pasadas la entidad ha valorizado al máximo la personalidad a través de la exhibición individual de las propias virtudes, de carácter sobre todo intelectual. Y en esta vida, pese a su gran relevancia social, el carácter escogido tiende más a las satisfacciones que ofrece la vida familiar y dinástica que al alarde del Yo.

Las existencias de la Antigüedad vieron que los preencarnados del Borbón vivían unas experiencias emocionantes en la exploración del territorio que se asoma al Mediterráneo y, sobre todo, en la fundación de instituciones civiles y culturales dentro de las ciudades habitadas, con gran beneficio para todos los habitantes, en búsqueda de su definitiva alfabetización y culturización.

Hubo un periodo en el que se organizaron revueltas contra las instituciones, por considerarlas inadecuadas para las verdaderas necesidades económicas y sociales de la población. Lo atestigua la retrogradación de Urano, Plutón y Neptuno. Plutón retrógrado indica también una vida durante la cual el nivel de riqueza y de bienes materiales resultó algo desproporcionado respecto a los altos ideales políticos y culturales.

En cuanto a la retrogradación de Mercurio en la novena casa cabe pensar en una función relevante en la colonización de países americanos a principios de la Edad Moderna.

La penúltima vida, vivida como mujer en el norte de Europa (así lo indica la Luna en Acuario), la dedicó a la cultura y al arte.

La última vida, a caballo entre los siglos XVIII y XIX, es simbolizada por los valores de Piscis y Aries de la duodécima casa del horóscopo, dominada también en este caso por Saturno. Nació y creció en Portugal (¡ya en la península Ibé-

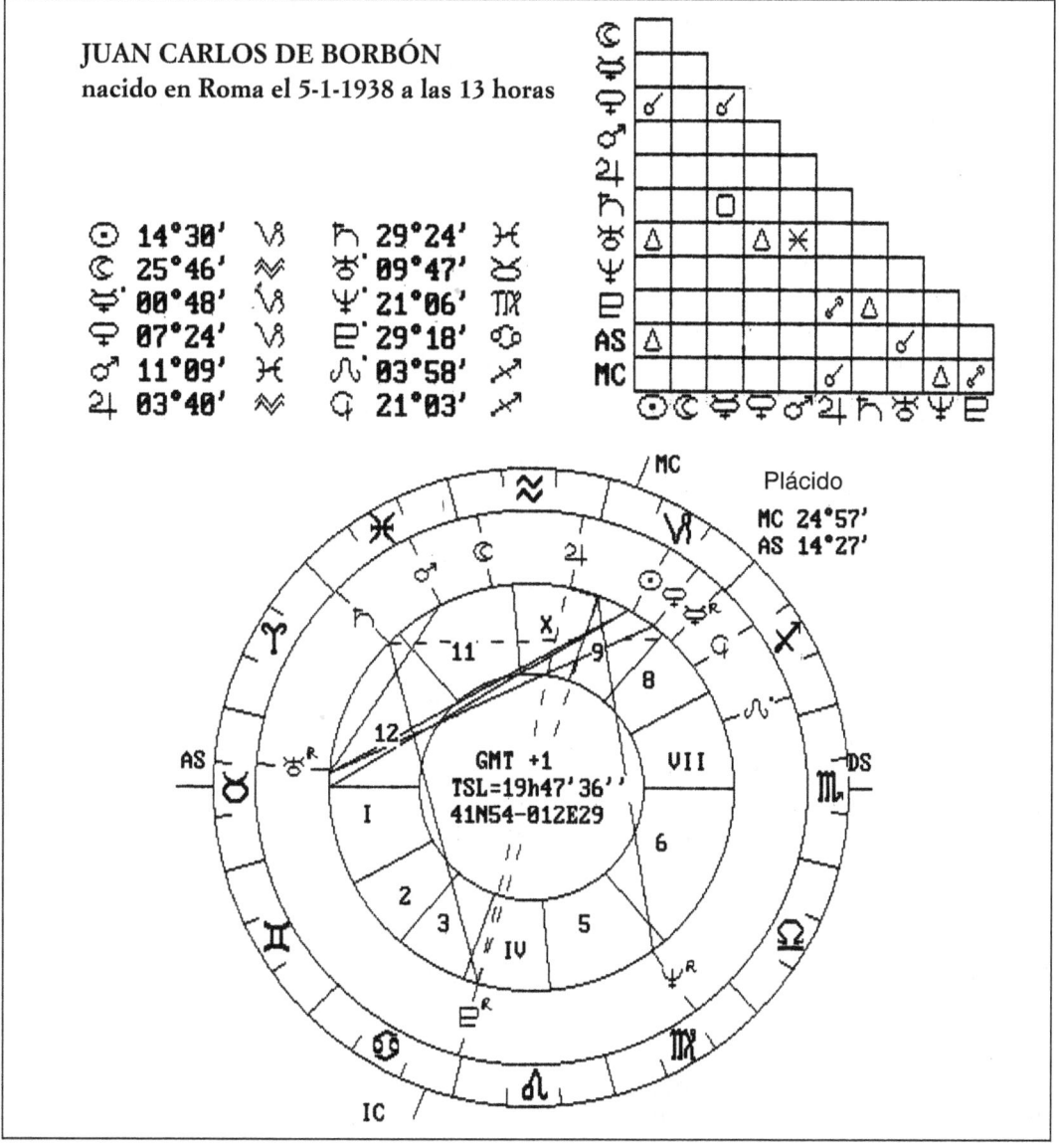

rica!), y combatió con gran valor en las guerras de independencia de su pueblo.

Jacques Chirac

Llegamos ahora a las vidas pasadas de la entidad de Jacques Chirac, presidente de la República Francesa, llegado al Elíseo tras una larga carrera política que le ha visto como alcalde de París y esforzado divulgador de ideales liberales y nacionalistas. Desde el primer momento se ha distinguido por su firmeza, en ocasiones algo pretenciosa, pero siempre muy coherente: con firmeza ha tomado decisiones duras y precisas en las relaciones internacionales.

También en este caso nos hallamos ante un alma no demasiado vieja, aunque sin duda más longeva que la de Bill Clinton. Así lo muestra Saturno no retrógrado situado en un signo de «domicilio», es decir, que la astrología considera gobernado por el mismo planeta. Además, Chirac presenta en su tema hasta tres planetas retrógrados: Mercurio, Urano y Plutón.

Si analizamos ahora la posición del nudo lunar sur, que se halla en la séptima casa, en el signo de Virgo y en conjunción con el planeta Neptuno, llegamos a identificar las características principales de las existencias pasadas, a partir de la primera, que se data en torno a los últimos siglos de la era precristiana (200 a. de C.).

Muchas vidas, sobre todo las medievales, se llevaron a cabo bajo la forma del sexo femenino: mujeres con matrimonios bastante afortunados (véase la presencia de Júpiter en la séptima en buen aspecto con Plutón) y de notables habilidades artesanales y artísticas, aunque en ciertos aspectos la fantasía era demasiado exuberante. Las preencarnadas de Chirac mantuvieron con sus respectivos maridos unas relaciones de notable honestidad, tal como atestiguan las distancias positivas entre el descendente (séptima casa) por un lado, y los luminares (Sol y Luna) por el otro.

Dado que la vida familiar ha sido protagonista, de forma constructiva, de muchas existencias, la entidad de Chirac ha decidido ahora valorizar más las dotes personales. Por eso, desarrolla su labor en el campo político y social, y obtiene la aprobación de los demás gracias a sus grandes capacidades imaginativas y organizativas (tal como señala el nudo norte en Piscis). En pocas palabras, mientras que la gran creatividad del pasado kármico se canalizaba en una dimensión más privada y de pareja, la presente experiencia dispone la creatividad al servicio del poder y, digamos también, de su yo personal como símbolo de la grandeza de su país.

En cuanto a los planetas retrógrados, cabe señalar que Urano y Plutón indican un karma colectivo, es decir, experiencias muy fuertes llevadas a cabo en grupo o comunidad (se trata sobre todo de riquezas acumuladas durante la última

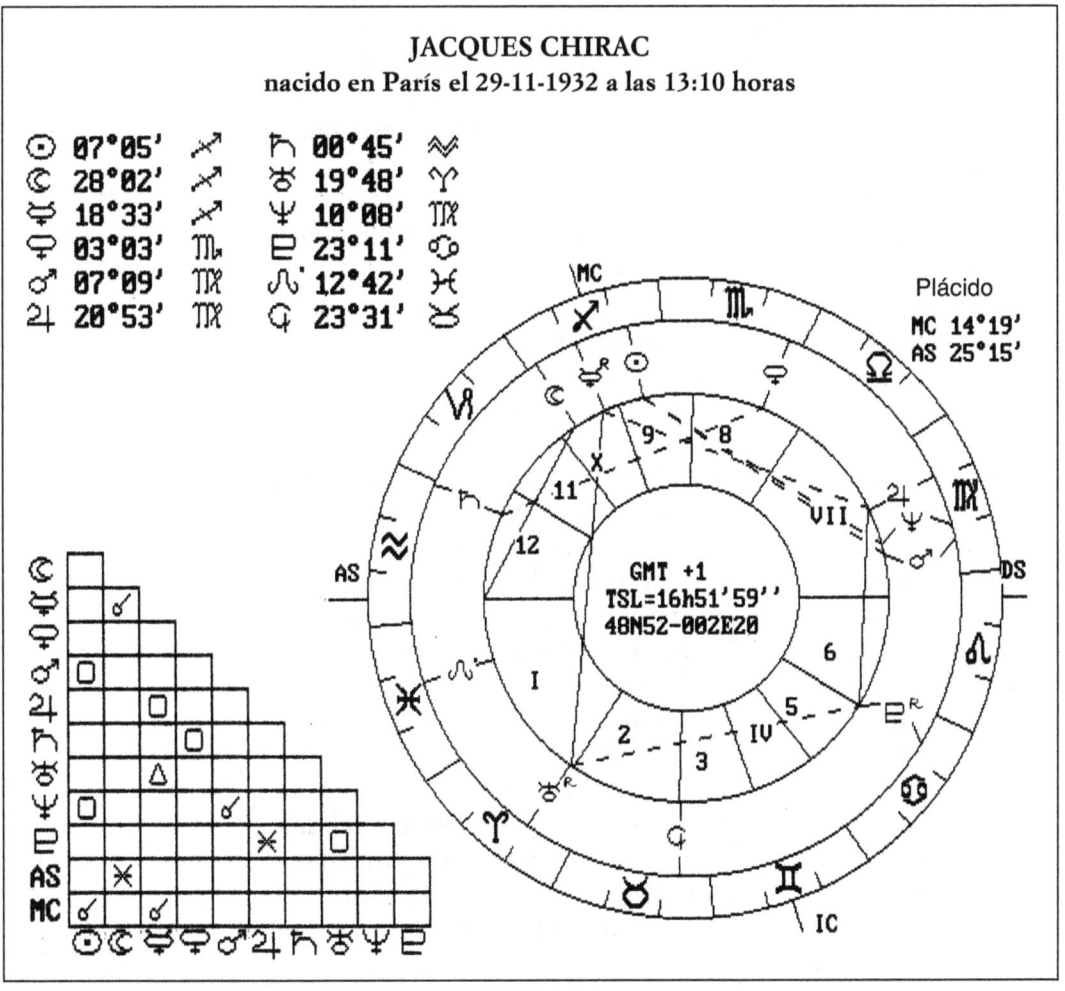

parte de la Antigüedad). Mercurio en Sagitario en mitad del cielo nos habla de comportamientos de la época moderna marcados por una intensa relación con los países extranjeros durante las pocas vidas vividas bajo sexo masculino.

La última vida de la entidad de Chirac transcurrió en un país de lengua germánica en el siglo XIX. La posición de Saturno en la casa duodécima dice mucho sobre el importante papel que tuvo el trabajo, y los numerosos cambios y marcadas actitudes de pulso duro e inflexible hacia los subalternos.

Bill Clinton

El tercer ejemplo se refiere al ex presidente de Estados Unidos, Bill Clinton, gran protagonista de los años noventa, considerado por muchos heredero de la obra y pensamiento de J. F. Kennedy, por sus principios «democráticos» y las perspectivas de esperanza inspiradas por su sonrisa.

Del análisis de su tema natal emergen algunos factores que hablan claramente de los comportamientos y los papeles desempeñados en las vidas pasadas.

Ante todo, no presenta un largo currículum de vidas; presumiblemente su primera aparición sobre la faz de la Tierra se remonta al final de la Antigüedad.

La mayoría de las existencias, tal como muestra el nudo sur en Sagitario y en la cuarta casa, en óptima posición respecto a los planetas Júpiter y Plutón, se han llevado a cabo al servicio de la patria, gracias a un extraordinario sentido de la devoción hacia sus antepasados y conciudadanos.

Lo que resulta más excepcional es la variedad étnica y geográfica de la decena de vidas vividas por Clinton, como si su entidad hubiese querido explorar en seguida todas las partes habitadas del planeta.

Clinton fue un noble guerrero que pudo alcanzar fama y riqueza de forma honrada y coherente.

La ausencia de planetas retrógrados y la conjunción entre Saturno y Mercurio en la undécima casa hablan de su fidelidad a la palabra dada que ha sabido experimentar en un milenio y medio de samsara. La última vida, vivida entre mediados del siglo XIX y comienzos del XX, le vio como hombre en Inglaterra dispuesto a defender las iniciativas de la reina Victoria.

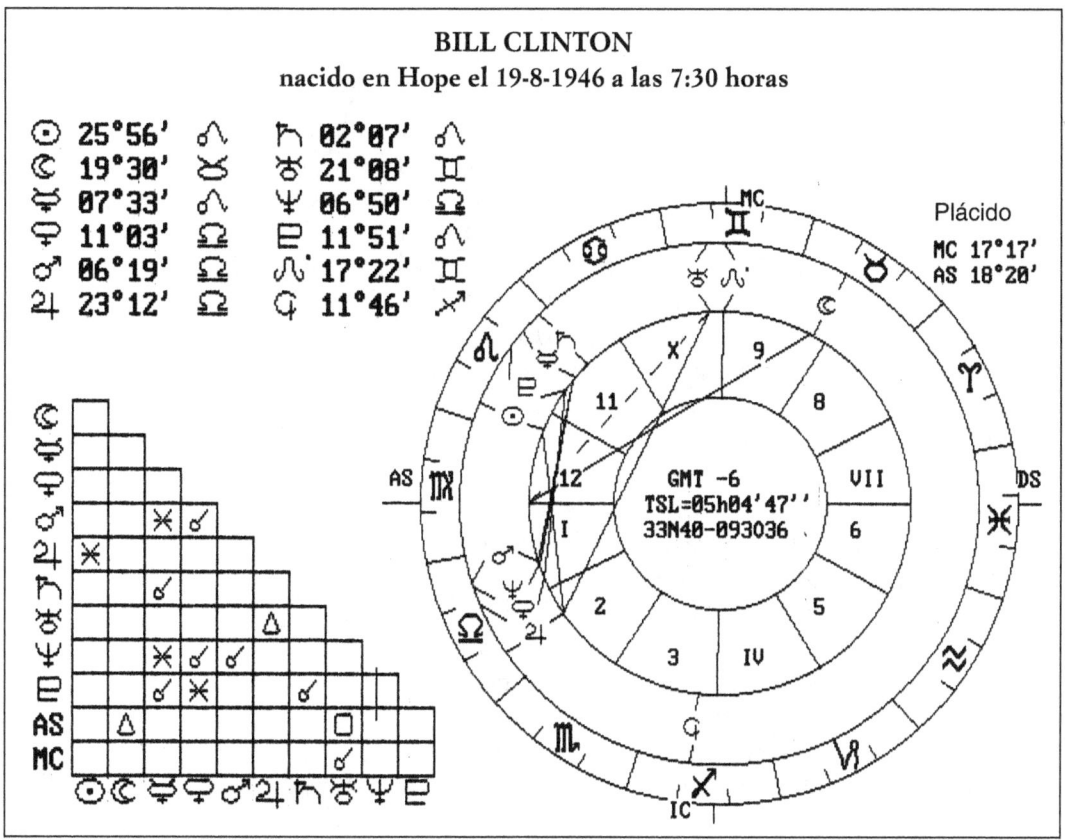

Un empleo excesivo, aunque valeroso, de las armas puede haberle inducido a un mayor pacifismo en la presente existencia.

Mijaíl Gorbachev

Personaje político que ha sido protagonista de un cambio histórico dentro de su país y para el mundo entero. Tras llegar a la cima del Partido Comunista Soviético, gobernó la Unión Soviética desde el 11 de marzo de 1985 hasta el 25 de diciembre de 1991. Tras el «golpe de agosto» abandonó el liderazgo de un país, ya transformado en una confederación de estados independientes, y se dedicó a las relaciones diplomáticas y a actividades literarias. Aunque su fama ha permanecido intacta en el mundo entero, en Rusia ya no se le aprecia.

El nudo lunar sur en Libra y en la séptima casa habla de vidas pasadas transcurridas en el bienestar del poder, disfrutando de notables protecciones y cultivando las relaciones públicas. En algunas vidas llevó a cabo también una actividad militar y patriótica, llegando, como veremos, a jefe del pueblo, aunque mostró sus mejores aptitudes como «mecenas», cortesano o político que albergaba o favorecía a artistas y estudiosos.

Las encarnaciones femeninas fueron bastante pasivas, quizá para equilibrar las masculinas inspiradas en cierto dinamismo. Al disfrutar de ciertas ventajas materiales, pudo cuidar mucho la indumentaria y el mobiliario. Las primeras existencias, en la época antigua, fueron un poco agitadas. Se comportó de forma conflictiva con las autoridades, aunque en nombre de nobles ideales de justicia y solidaridad. Durante la Edad Media alcanzó un poder extraordinario, primero como mujer, esposa de un hombre muy rico y bastante ávida de placeres alimentarios y de posesiones, y posteriormente como hombre valeroso.

Vale la pena traer a colación los resultados de una investigación llevada a cabo por un estudioso italiano, Renato Minozzi, que con la ayuda de una ingeniosa técnica de elaboración del cobre logra establecer un contacto astral con las anteriores existencias de personajes famosos. Tal y como se señala en el número de junio de 1990 de la revista *Astrofutura*, Minozzi ha identificado una importante vida medieval de la entidad de Gorbachev. Estos son los principales pasajes del relato de Minozzi: «Se llamaba Alexiei Khan y fue uno de los jefes más emprendedores de la Rusia de la época [...]. Los pueblos invasores mongoles se habían instalado como amos y señores [...]. Preparó la defensa de sus territorios y formó un nutrido ejército [...]. Puso sus tropas al servicio del Príncipe de Moscú [...]. Corría el año 1380. Y llegó el 8 de septiembre, día de la batalla [...]. Los ejércitos de los tártaros y los mongoles fueron aniquilados. Vieron caer a Alexiei Khan alcanzado por un tajo en la cabeza, pero nunca más se encontró su cuerpo. En Koulikovo la sangre de vencidos y vencedores regó las aguas del Don, pero a partir de allí y en aquel día Rusia inició su largo camino hacia la unificación del inmenso Estado».

En el pasado lejano de Gorbachev hay también actividades de trasfondo artístico, no siempre llevadas a cabo con escrupulosa honradez, porque llegó a beneficiarse de la fantasía de los demás.

En la época moderna el militarismo ha quedado completamente de lado, en beneficio de la paciencia y la astucia como armas para resolver los problemas. El nivel intelectual de la última vida de la entidad de Gorbachev fue sumamente alto. Como hombre de gran encanto, vivió en una zona marítima del área escandinava, alcanzando un papel notable dentro de una institución cultural. Sin embargo, su espíritu era excesivamente rebelde, hasta el punto de adoptar unas actitudes de abierta oposición a las máximas autoridades de su país.

Se puede afirmar que la misión de la entidad de Gorbachev es luchar contra las injusticias. La aversión por la guerra y el

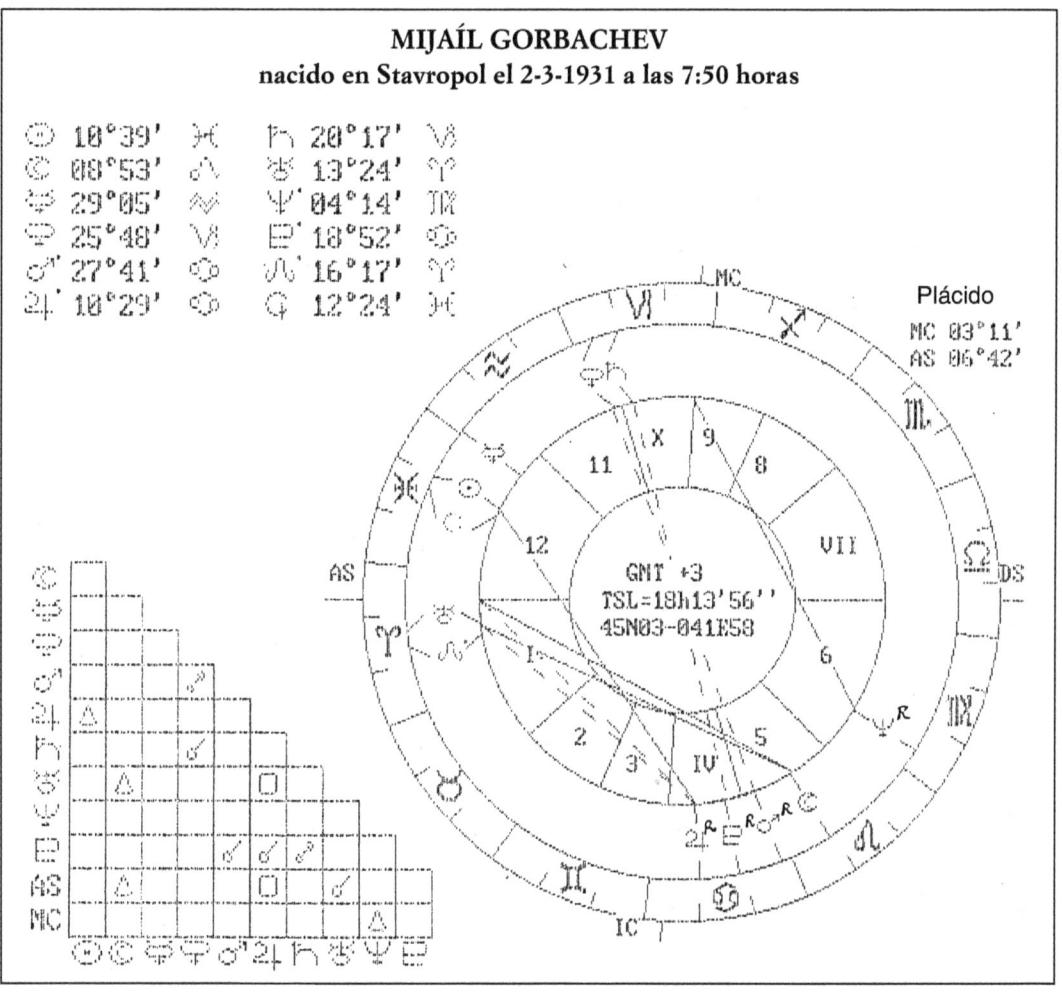

riesgo de muerte en el golpe de agosto son decisiones adoptadas antes de la actual vida para disolver un karma de violencia que se formó ya en Rusia. Ese tipo de burla, que consiste en cambiar el propio país para impulsarlo en la dirección opuesta a la soñada, se debe a la necesidad de ver frustradas esas ambiciones que antaño siempre eran satisfechas.

Miguel Indurain

Miguel Indurain ha sido el único ciclista español capaz de ganar cinco Tours de Francia consecutivos, ha dominado casi todas las carreras contrarreloj en las que ha participado y ha superado a los mejores escaladores.

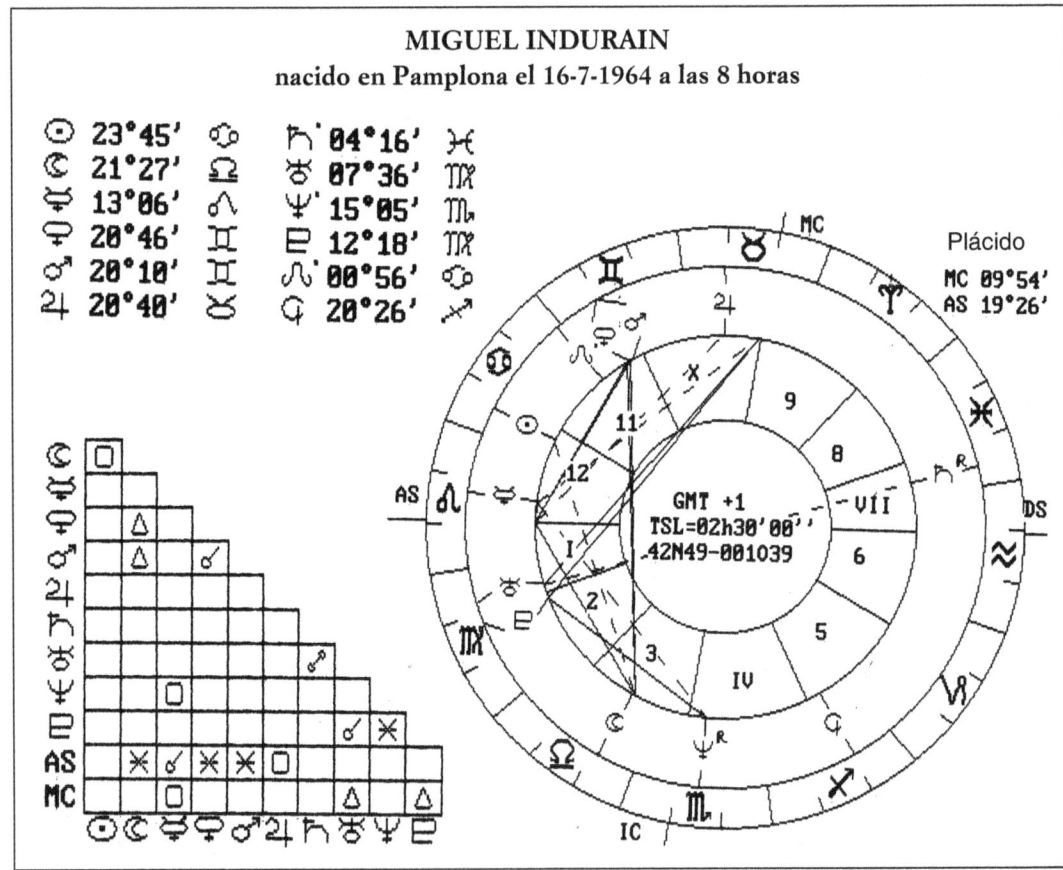

¿Quién era en el antiguo pasado este extraordinario atleta, alto y robusto, y siempre muy elegante sobre el sillín? ¿Gracias a qué ejemplares comportamientos y servicios puede haber merecido convertirse en uno de los ciclistas más famosos del mundo?

Ante todo hay que decir que su entidad es sumamente antigua, tal y como atestigua Saturno retrógrado en su campo de exaltación (la séptima casa en Libra). Su primera vida se vivió en la Edad de Piedra, en los albores de la civilización humana. Por consiguiente, el samsara comprende unas ochenta existencias, bajo las más diversas longitudes y latitudes.

El nudo lunar sur se halla al principio de Capricornio (detalle curioso, exactamente donde el rey de España tiene el planeta Mercurio, símbolo también del ciclismo) dentro de la quinta casa. Indica un pasado kármico conformado por intensas experiencias amorosas, como hombre y como mujer, marcadas por la seriedad y la fidelidad, teniendo en cuenta la óptima distancia de dicho nudo respecto a Saturno y Júpiter. La retrogradación de Neptuno nos dice que, en la Antigüedad, una preencarnada de la entidad de Indurain se distinguió por sus dotes musicales, por otra parte excesivamente explotadas con fines de poder.

La última existencia, vivida entre el siglo XIX y comienzos del XX como hombre en un país del África septentrional, estuvo marcada por cierta pobreza, dentro de la serenidad de quien creyó firmemente en su Dios y amó mucho la naturaleza.

Alba Parietti

Alba Parietti es una diva del espectáculo y nuevo modelo de presentadora de televisión de inspiración intelectual. Con su sutil esnobismo (según algunos resulta a veces antipática precisamente por su actitud altiva y provocativa), ha alternado con el paso del tiempo tonos transgresores y actitudes de mujer fatal.

Retrocedamos en el tiempo y tratemos de descubrir con la astrología del karma qué papeles interpretó en las vidas pasadas su entidad. El nudo sur en Acuario y la octava casa, en conjunción sobre todo con la Luna, nos ofrece un panorama de existencias de predominio femenino que se vivieron de forma sumamente excéntrica y rebelde, marcadas por un gran espíritu de imaginación, con evidentes dotes artísticas. Las actividades desarrolladas han tenido a menudo un trasfondo mágico, gracias a intuiciones parapsicológicas. El interés por lo paranormal, unido a un espíritu de rebelión hacia el sexo masculino, la llevó a formar parte de movimientos afines a la brujería. Por este motivo probablemente sufrió violencia o torturas.

No hay duda de que se trata de un alma sumamente antigua. Las primeras apariciones sobre la faz de la Tierra pueden haberse producido hace unos diez mil años. Esta longevidad no puede haber hecho escoger a la entidad de Alba un tipo de vida actual que no presente, a pesar de ciertas apariencias, un profundo objetivo kármico. Las primeras y antiguas vidas se caracterizaron por cierta normalidad; se vivieron como hombre y estuvieron dedicadas a la caza y a actividades militares. No obstante, había ya unos rasgos originales, como una notable inteligencia y originalidad para llevar a cabo las diversas acciones. Las únicas imperfecciones se relacionaban con una visión esclavista de la mujer.

Trasladémonos ahora a la Antigüedad. La retrogradación de Neptuno en el signo de Escorpio y en la llamada cuarta casa ilustra las decisiones artísticas que fueron tomadas por una mujer decidida a todo con tal de afirmarse. El ambiente era propio de Oriente Medio, probablemente hebreo. Los comportamientos de las existencias que van del año 1500 al 500 d. de C. estuvieron condicionados por una excesiva ambición personal; además se abusó del consumo de drogas.

Sin embargo, lo «peor» llegó a comienzos de la Edad Media. Saturno y Júpiter retrógrados en la sexta casa hablan de vidas en las que se explotó mucho a unas pobres criaturas en el ámbito laboral, con el riesgo de provocar indirectamente la muerte de las mismas. En aquel periodo se alcanzaron también unos cargos políticos muy importantes en una vida vivida como hombre en una populosa región de Rusia. Fue durante la baja Edad Media cuando se enfocaron definitivamente esas habilidades mágicas y de brujería de las que hablábamos antes. La Edad Moderna ha visto a la entidad de Alba encarnarse ya en una mujer muy atractiva y posteriormente en una adolescente muy combativa, pero muy negligente en los estudios. Sin embargo, la última existencia se vivió como hombre, ya que en la duodécima «casa» hallamos al Sol. El escenario era América latina y el trabajo ejercido tenía relación con el mercado del arte.

¿Por qué la entidad de Parietti ha optado por encarnarse esta vez en la forma que está ante los ojos de todo el mundo? Necesitaba ponerse a prueba en el mundo del espectáculo para continuar ciertas experiencias, pero su búsqueda de una imagen intelectual se debe precisamente a la necesidad de recuperar credibilidad después de las antiguas condenas por brujería... El interés por la cultura y la política se debe a la voluntad de borrar actitudes demasiado excéntricas. Sin embargo, esta vez se arriesga a caer en el exhibicionismo como fin.

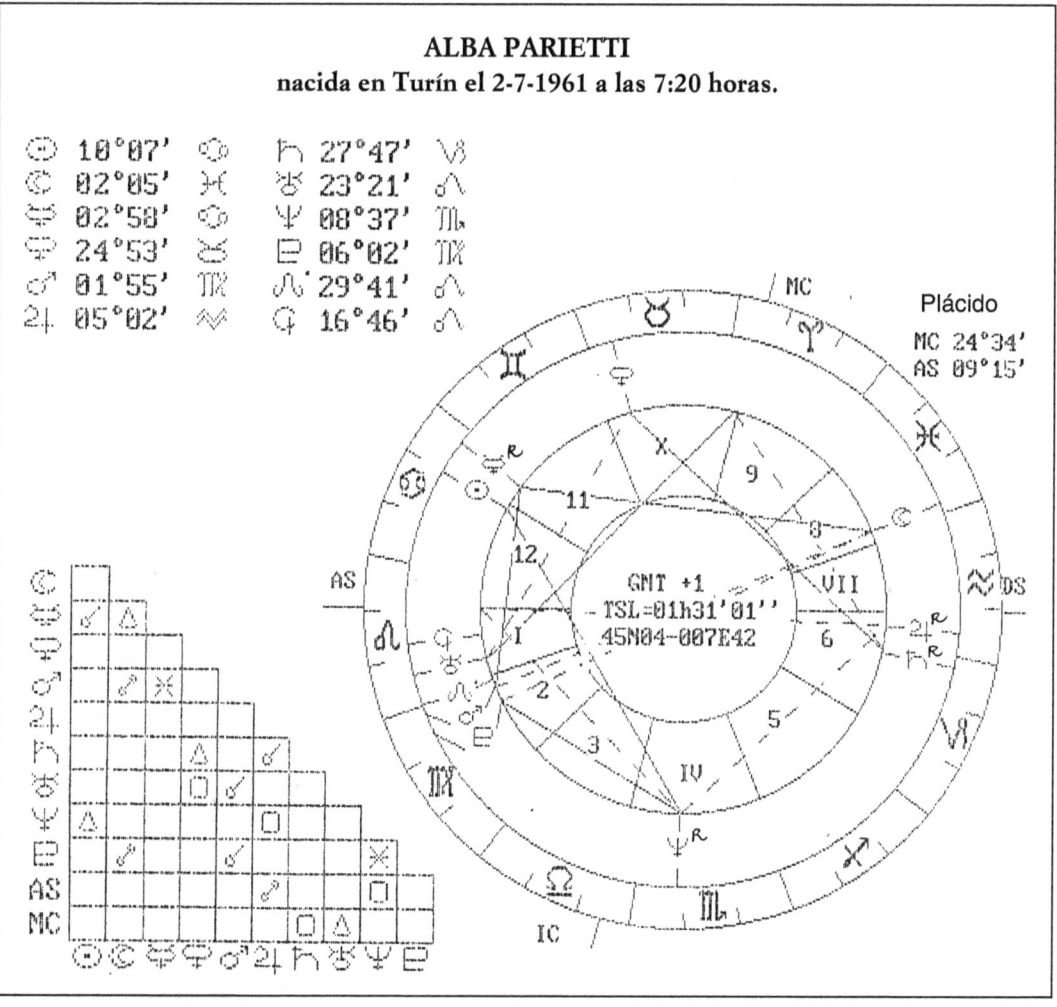

BIBLIOGRAFÍA

Brennan, J. W.: *Manual práctico de la reencarnación*, Editorial Edaf, Madrid, 1990.
Cavadini, A.: *Principi di astrologia medica*, Milán, 1989.
Dethlefsen, T.: *Vida y destino humano: interpretación por el antiguo esoterismo*, Editorial Edaf, Madrid, 1984.
Drouot, P.: *De vidas anteriores*, Luciérnaga, Barcelona, 1991.
Faivre, A.: *L'esoterismo*, Varese, 1992.
Ingaramo, M.: *Il karma*, Grignasco (Novara), 1984.
Moody, Raymond A.: *Vida después de la vida*, Editorial Edaf, Madrid, 1984.
Negri, C.: *Astrologia e reincarnazione*, Milán, 1989.
Penkala, M.: *La reincarnazione*, Roma, 1977.
Pompas, M.: *Reincarnazione*, Milán, 1987.
Steiner, Rudolf: *Teosofía*, Editorial Rudolf Steiner, Madrid, 1994.
Pascal, Thomas: *La reencarnación*, Ediciones San Pablo, Madrid, 1995.
Tuan, Laura: *Los secretos tibetanos de juventud y vitalidad*, Editorial De Vecchi, Barcelona, 1993.
Vigne, Pierre: *La reencarnación es una realidad*, Editorial De Vecchi, Barcelona, 1994.
— *Cierto, hay vida más allá de la muerte*, Editorial De Vecchi, Barcelona, 1996.

www.ingramcontent.com/pod-product-compliance
Lightning Source LLC
Chambersburg PA
CBHW080441170426
43195CB00017B/2849